이태련 수필집

내가 거기 있었다

내가 거기 있었다

이태련 수필집

1판 1쇄 인쇄/ 2023년 7월 15일
1판 1쇄 발행/ 2023년 7월 20일

지은이 / 이 태 련
펴낸이 / 우 희 정
펴낸곳 / 도서출판 소소리

등록 / 제300-2007-21호
주소 03073 서울 종로구 성균관로5길 39-16
전화 / 765-5663, 010-4265-5663
e-mail: sosori39@hanmail.net
www.sosori.net

값 14,000원

*잘못된 책은 바꿔드립니다.

ISBN 979-11-5891-182- 9 03810

내가 거기 있었다

이태련 수필집

책머리에

한 땀 한 땀 바느질하듯

큰오빠는 아버지 같은 존재였다. 내 등단수필을 보고 무척 기뻐하셨는데 얼마 전 치매 판정을 받았다. 십여 년 가까이 글을 쓰면서도 책을 엮는다는 것은 감히 엄두를 못 냈다. 그런데 마음이 급했다. 누가 재촉한 것은 아니지만 큰오빠가 첫 독자였으면 하는 바람에서 용기를 냈다.

자식들에게도 삶의 궤적을 남기고 싶었다. 열 살에 떠난 어머니는 나에게 바람 같은 분이었다. 그 어떤 흔적도 남기지 않았다. 어머니를 떠올리면 언제나 뼛속까지 사무치는 한기와 채울 수 없는 허기, 그리움이 그림자처럼 따르곤 했다. 나는 자식들에게 그리 할 수 없지 않은가.

글을 쓰면서 부끄럽기도 하고 감추고 싶은 이야기들도 소환했다. 하지만 한 땀 한 땀 바느질하듯 정성 다해 문장을 만들었다. 수필을 쓰면서 내 안의 결핍과 상처가 치유되었고, 스스로 대견할 만큼 당당해졌다.

늘 지지하고 응원해준 가족이 옆에 있었기에 가능했으리라. 수필의 품위를 강조하신 오병훈 선생님과 시간을 아낌없이 내어준 친구 원정수, 함께한 문우들에게 고마움을 전한다.

책이 나오면 제일 먼저 큰오빠에게 달려가 바치려고 한다.

2023년 초여름

저자 **이 태 련**

▷ 차 례

1. 꽃으로 피어난 어머니

2. 낭만을 아는 고양이

3. 끝내 부르지 못한 이름

4. 마음이 닿는 곳

5. 어느 봄날의 수채화

1.

꽃으로 피어난 어머니

씨고구마

현관문을 열었더니 상자 하나가 놓여있었다. 뭘까 하고 들여다보니 고구마가 수북했다. 눈짐작으로 이십 킬로그램은 될 성싶었다. 밭에서 갓 캐낸 듯 젖은 흙냄새가 물씬 풍겼다. 하나를 꺼내어 보니 길이가 족히 한 뼘 반은 되었다. 다른 것들도 거의 비슷했다. 누가 보냈는지, 고맙다고 해야겠기에 들여놓을 생각도 잊고 남편에게 전화했다.

"누가 현관에 고구마를 두고 갔어요?"

그는 이미 알고 있었다. 그렇다면 먼저 연락이라도 해줄 것이지, 참 무심한 사람이 아닌가.

저녁 무렵에 들어온 남편과 다시 얘기가 이어졌다.

"고구마 생김새를 보니 그 사람 마음이 너그러울 것 같아요"

그는 잠시 뜸을 들이더니 진지하게 답했다.

"당신 말 그대로 마음이 넉넉하기로는 그만한 사람도 없지."

가끔 밤과 푸성귀를 보내주는 지인이란다. 그 사람이라면 남편을 통해 몇 번 고마움의 인사를 전하지 않았는가. 게다가 이번에는 내가 좋아하는 고구마라 꼭 답례를 하라고 더 단단히 당부했다.

나는 고구마를 보면 아버지 생각이 난다. 매년 아버지는 벽장 속 시렁에 씨고구마를 갈무리해두곤 하셨다. 손수 만든 짚 오쟁이에 가득 채워놓았다. 어머니가 먼길 떠난 그해 겨울이었다. 어린 가슴에도 허기를 느꼈을까. 밤마다 씨고구마 한두 개씩을 꺼내 먹었다. 간식은 꿈도 꿀 수 없는 시절이라 달콤하고 아삭한 그 맛의 유혹을 떨칠 수 없었다.

그렇게 두어 달 남짓, 어느 날 손을 뻗어도 고구마가 잡히지 않았다. 까치발을 하고 오쟁이 속을 들여다보니 텅 빈 게 아닌가. 꼬리가 길면 밟히는 것을 몰랐다. 순간 가슴이 내려앉은 듯 철렁했다. 그 후 누구에게 말도 못 하고 벽장 근처에는 얼씬거리지 않았다.

이른 봄 새벽이었다. 잠결에 아버지와 큰집 오빠 목소리가 들렸다.

"작은아부지, 고구마 온상은 하셨습니껴?"

나는 잠이 확 달아났다. 아버지의 대답을 놓치지 않으려고 귀를 기울였다.

"씨고구마를 쥐가 다 갉아 묵어부렀네."

그렇게 나는 졸지에 쥐가 된 것이다. 정말 아버지가 속은 줄 알고 마냥 좋아했던 철부지였다. 하지만 그곳에 쥐가 있을 리도 없고, 고구마가 몽땅 없어진 이유를 아버지가 모를 리 없을 터. 그 쥐가 당신 딸인 것 또한 알고 계셨으리라. 그런데도 아버지는 끝내 아무 말이 없었다. 되레 그해 엄마를 잃은 열 살배기 당신의 아픈 손가락을 감싸느라 속울음을 삼켰지 싶다. 그게 아버지의 마음이고 사랑 방법인 것을 깨달았을 때는 이미 먼 길 떠나신 후였다.

결국, 쥐가 된 내가 변명할 곳은 없었다. 그저 아버지를 향한 그리움과 죄스러움에 가을이면 고구마를 사들이곤 했다. 겨우내 먹으려고 욕심을 부리다가 반 이상을 썩혀버린 적도 있다. 그래도 매년 그 노릇을 거듭했으니 고구마에 대한 내 집착이 만만치 않았나 보다.

몇 해 전 가을, 시숙이 고구마 한 상자를 보내왔다. 같은 고향이어서인지, 아버지가 직접 농사지은 고구마를 보는 듯 가슴이 찡했다. 크기와 모양까지 닮은 게 아닌가. 어릴 때 겨울밤에 먹었던 생고구마 생각이 나서 아예 발코니에 내놓았다. 시원한 곳이면 더 오래 두고 먹으려니 했다.

몹시 추운 어느 날 고구마가 먹고 싶어 상자를 펼쳤다. 이럴 수가, 몽땅 썩고 만 것이다. 어이없고 속이 상했지만 누가 볼세라 얼른 내다 버렸다. 시숙님의 노고를 잘 알기에 죄송해서 남편에게 말도 꺼내지 못했다. 그때까지 고구마 원산지가 열대지방이라 추위에 약한 것임을 전혀 몰랐다. 몇 번을 실패하면서도 보관방법을 터득하지 못했던 게다.

올해는 상자째 주방 한쪽에 고이 두었다. 자리를 옮겨도 안 좋다는 귀동냥으로 요령이 생겼다고 할까. 십이월 중순에 상자를 열었는데 겉보기에도 튼실했다. 한입 베어 먹으니 속도 야물어 달고 아삭했다. 하지만 철부지 때 아버지 몰래 꺼내 먹었던 그 씨고구마 맛에 비할 수 있으랴.

세상 떠나신 지 삼십여 년, 그동안 고구마를 보면 영락없이 아버지 모습이 떠오르곤 했다, 그 또한 그리움이리라. 사철 고구마가 지천인 지금까지도 '아버지' 그 이름은 문득문득 그립고 가슴 언저리가 뻐근하다.

빗속에서

친정아버지 기일이었다. 동대구역에서 내려 플랫폼을 나서니 가을비가 촉촉이 내렸다. 매점에 들러 빨간 물방울무늬 비닐우산을 샀다. 우산을 받쳐 들고 택시를 기다리는데 빗속 저만치에서 어떤 실루엣이 어른거렸다. 한 스승의 모습이었다. 대구가 처음도 아니건만 왜 뜬금없이 그분이 떠오른 것일까. 가을비에 젖은 감성 때문일까. 혹여 근황이라도 알 수 있으려나. 친정으로 가던 발길을 돌렸다.

어림짐작으로 동성로행 버스를 탔다. 그곳은 내가 다녔던 한국복장학원과 근무했던 의상실이 있었기에 주변을 꿰뚫고 있었다. 쉽게 찾으려니 했는데 너무나 변했다. 기억을 더듬어 겨우 찾았으나 간판이 생소했다. 우산도 접고 그 앞에 서서 옛 학원 건물을 하염없이 바라봤다. 그냥 돌아서자니 아쉽고 허탈했다. 길 건너편에 있는 교동시장으로 갔다. 그곳의 풍경은 예전보다 더 활기찼다. 내가 드나들었던 원단가게 위치도 그대로였다. 사십여 년이 흘렀건만 엊그제 같아 놀랍고 반가웠다. 하릴없이 서성거리다 가게 안을 들여다봤다. 낯선 사람이 물건을 흥정하고 있었다. 주인이 바뀐 것은 당연하리.

나는 바느질을 좋아했다. 눈짐작으로 스커트와 블라우스를 만들어 입고 다녔다. 기본도 모른 채 제멋에 겨웠던 게다. 하루는 면소재지 양장점에서 함께 일을 해보자고 했다. 부끄럽고 민망했지만 속으로는 자부심으로 우쭐했다. 제대로 배우면 전문가가 될 텐데 하는 야심도 컸다. 그러던 차에 우연히 신문광고를 보게 되었다. 바로 한국복장학원으로 편지를 보냈고, 원장이 직접 쓴 답장이 왔다. 나는 의례적인 질문을 한 듯한데 의외의 글을 주셨다. '양재보다 먼저 문학을 해보라'고. 하지만 그 말씀을 따르기에는 현실이 팍팍했다. 당장 양재를 배우는 게 더 절실했다. 문학은 내 마음 어딘가에 홀씨가 되어 남아있었다.

편지를 주고받아서인지, 선생님은 첫 만남부터 낯설지 않았다. 아버지처럼 푸근하고 의지가 되었다. 그때 나는 도시 생활이 익숙지 않아 별것 아닌 것에도 주눅이 들곤 했다. 그게 딱해 보였던지 일부러 원생들 앞에서 칭찬으로 기를 살려 주셨다. 나 또한 선생님을 따르고 나름 열심히 배우느라 겨를이 없었다. 그런데 누가 귀띔해 주었다. 성품이 호랑이라 부를 만큼 위엄 있고 대쪽 같은 분이라고.

"학원에서 서 선생님을 무서워하지 않는 사람은 너밖에 없어."

그가 왜 내게 그 말을 했는지, 알려고 하지 않았다. 세상 물정을 몰랐기에 도리어 모르쇠가 되었지 싶다.

양재학원을 졸업하면 대부분 취업의 길로 들어섰다. 학원과 의상실 운영을 겸했던 선생님은 나를 밑에 두셨다. 그곳은 웨딩드레스나 패션쇼 의상 같은 고급 옷을 다루었다. 나는 더 배우려는 욕망과 열정이 하늘을 찔렀다. 과유불급이라던가. 신중하지 못하고 그만 큰 사고를 저질렀다. 맞춤옷을 내 깜냥대로 목둘레를 깊이 파버린 것이다. 아차, 했을 때는 이미 늦은 뒤였다. 그렇다고 누구에게 말도 못 했다. 어떻게든 혼자 해결해 보려고 원단 시장을 쫓아다녔지만 같은 천은 어디에도 없었다. 달리 방법이 없는 터라 정성껏 만들어 다림질을 하고 또 했다.

손님이 옷을 찾으러 온 날, 나는 입이 바짝바짝 타들어 갔다. 여차하면 도망칠 생각을 하고 숨죽여 지켜봤다. 그런데 옷을 입고 거울 앞에 선 손님이 유독 '목 부분'이 마음에 든단다. 선생님도 흐뭇해하셨다. 정황상 모를 리 없을 텐데. 끝내 내 실수를 덮어주셨다. 돌아보면 선생님이 계셨기에 여러 행사를 경험하며 안목을 넓힐 수 있었지 싶다.

삼 년쯤 지났을까. 나는 직접 의상실을 차리고 싶었다. 충분히 할 수 있으리라 자신이 있었다. 어렵게 말씀드렸는데 선생님은 만류하셨다.

"서둘지 마라. 좀 더 일을 익혀서 시작해도 늦지 않아."

그래도 고집을 꺾지 않았다. 작은 도시에서 소박하게 시작했지만 혼자서 운영하기에는 여간 버거운 일이 아니었다. 그럴수록 선생님의 조언이 간절했지만 차마 죄송해서 만나 뵙지 못했다.

두 해쯤 하다 마침 결혼을 하게 되어 의상실을 정리했다. 그때라도 선생님을 찾아뵈어야 했는데 황급히 서울로 오는 바람에 소식조차 끊어졌다. 뒤늦은 후회는 두고두고 사무쳤다. 혹시라도 근황을 알 수 있을까. 검색도 해보고 대구에 사는 지인에게 부탁도 했지만 세월이 무심하게 많이 흘러버린 게다. 선생님의 소식은 어디서도 알 수 없었다.

빗속에서 떠오른 영상을 찾아 나섰던 길이 꿈만 같다. 이제는 선생님을 향한 그리움을 가슴에 묻어야겠다.

자작나무

자작나무 하면 연상되는 이미지가 있다. 소설 속 배경과 숲 속의 귀족이라는 품격 있는 이름이다. 하얀 수피의 자작나무는 많은 화가와 영화감독, 문학인들에게 영감의 원천이 되기도 한다. 러시아 작가 톨스토이는 창작 모태도 자작나무였고 무덤 또한 자작나무 숲속에 있다고 한다.

강원도 섬강 풍광을 즐기며 둘레길을 삼십 분쯤 걸었을까. 드디어 쭉쭉 뻗은 은빛 나무의 군락을 만났다. 눈이 부셨다. 수령 삼십여 년의 자작나무 오만여 그루가 자생하고 있단다. 거의 이십 미터는 될 성싶은 훤칠한 키에 잎과 가지는 우듬지만 무성했다. 아래쪽 햇빛을 받지 못한 가지는 스스로 말라 죽는단다. 가지를 떨어뜨린 검은 생채기가 하얀 몸통을 더 돋

보이게 했다. 참으로 신비로운 자연의 조화가 아닌가. 은근히 노려보는 눈매 같기도 하고 깊고 서늘해 보이기도 했다.

십여 년 전 북유럽 여행을 앞두고 소설 「닥터 지바고」를 읽고 영화도 봤다. 광활한 시베리아 설원의 자작나무 숲이 배경으로 펼쳐졌다. 혁명과 전쟁으로 러시아 제국이 붕괴되는 사회적 혼란 속에서 한 지식인이 겪는 비참한 현실과 지바고와 라라의 엇갈린 사랑에 전율했다. 자작나무 가지로 교회와 신자의 집을 장식하는 러시아 풍습 또한 인상적이었다. 천연 항암제로 알려진 차가버섯 역시 러시아 자작나무에서 채취한 것이 가장 유명하다. 그래서인지 나는 먼 북국의 나무로만 여겼다.

그런데 우리나라도 예부터 함경도와 평안도에서 소원을 비는 기도목으로 섬겨왔다고 한다. 고려팔만대장경 일부도 단단하고 벌레가 슬지 않는 자작나무로 만들었다는 설이 있다. 신라시대 고분에서 출토된 천마도 역시 자작나무 껍질에 그린 그림이다. 얇은 껍질은 불쏘시개로 쓰이기도 했다.

고향이 평안도인 시인 백석은 자작나무를 백화(白樺)라 표현했다.

산골 집은 대들보도 기둥도 문살도 자작나무다.

밤이면 캥캥 여우가 우는 산도 자작나무다.
그 맛있는 메밀국수를 삶는 장작도 자작나무다.
그리고 감로같이 단 샘이 솟는 박우물도 자작나무다.
산 너머 평안도 땅도 뵈인다는 이 산골은 온통 자작나무다.

- 백석 「白樺」 -

백석의 시처럼 자작나무는 우리네 삶과 밀접했지 싶다.

요즈음 자작나무를 이용한 상품이 많이 눈에 띈다. 가구는 물론 인테리어 소품과 아이들의 장난감까지 다양하다. 봄철의 수액은 만병통치라 할 만큼 건강수로 알려져 있고 화장품 재료가 되기도 한다. 거기에 우아하고 이국적인 풍경이 입소문을 타면서 아름아름 숲을 찾는 이들이 늘고 있다. 김천 '치유의 숲' 인제 원대리 '속삭이는 자작나무 숲'은 이미 힐링지로 소문이 나 있다.

여운이 스러지기 전에 섬강에서 만난 자작나무를 그리고 싶었다. 푸른 잎과 어우러진 하얀 수피, 검은 흠집까지 떠오르는 대로 그렸다. 시간이 얼마나 지났을까. 캔버스를 숲으로 가득 채웠다. 완성된 작품에서 몇 발짝 뒤로 물러났다. 어딘가 마음에 차지 않았다. 하나같이 미끈하게 잘 생겨서일까, 살아있는 나무는 분명 그러했거늘 왜 그림은 거슬리는 것일까. 다시 손을 댔다. 그런데 몇 그루만 고친다는 게 어느 결에 거의 다 휘어졌다. 나는 왜 멋있는 것들을 그대로 두지 못하고 비틀었는지 모르겠다. 자작나무를 그리면서 나도 모르는 나를 다시금 본 듯싶다.

또 다른 캔버스를 펼쳤다. 먼저 길부터 내고 양쪽으로 늘어선 나무들을 노랗게 물들였다. 나는 가을에 자작나무를 본 적이 없다. 오로지 상상 속의 숲속을 혼자 걸었다. 은빛 가득한 그 길 끝자락에 내가 서 있었다. 보일 듯 말 듯.

상상을 그림으로 옮겼지만 완성된 작품에는 내가 없다. 혼자만 볼 수 있는 가을끄트머리에 서 있는 것만으로 족하리라. 더 강렬한 주홍색으로 덧칠했다. 자작나무 고유의 단풍 빛깔보다 더 가을답지 않은가. 순간 황홀한 카타르시스를 느꼈다.

그림 두 점을 거실 벽에 나란히 걸었다. 정작 내가 보고 싶었던 순백의 자작나무 숲은 없다. 광활한 시베리아 설원은 아니더라도 강원도 인제 원대리로 가면 그 진수를 느낄 수 있지 않을까. 칠십만여 그루가 장관을 이룬다고 한다. 함박눈이라도 내리면 더 좋으리라. 하얀 나무를 부둥켜안고 하얀 세상을 바라보면 어떤 영감이 떠오를까.

캔버스를 들고 나서 봄직도 하다. 그림 속의 나목이 무슨 이야기를 들려주려나 기대가 된다.

아버지의 사랑법

어릴 적 우리 집 택호는 여러 개였다. 서호댁, 굴샘이 작은집, 틀집, 금이빨집, 모두 아버지의 삶이 녹아 있어 그립고 애틋하다. 아버지와 어머니는 청도, 서지동에서 같이 자란 소꿉동무였다. 두 분은 혼인까지 이어졌다. 그런 어머니를 동네 사람들은 서호댁이라 불렀다. 서호는 서지동의 옛 이름이었다.

아버지가 나고 자란 큰집은 마을 동쪽 산 아래 첫 집이었다. 그 앞에 바가지로 푸는 우물이 있었다. 물이 바위틈에서 쉼 없이 흘러나와 사철 마르지 않았다. 두 분은 그 우물가에서 사랑의 꽃을 피웠단다. 밤에 물 길으러 오는 어머니 머리에 아버지가 물동이를 얹어주면서. 참으로 소박하고 순수한 사랑이 아닌가. 결실로 이어지기까지 달빛과 감나무그림자, 새들의 지저귐도 한몫을 했으리라. 혼인 후 큰집 아래 신접살림을 차렸다. 아버지의 성품을 빼닮은 다소곳한 그 초가를 동네 사람들이 '굴샘이 작은집'이라 했다.

마을에서 어머니만 재봉틀이 있어 '틀집'으로 통했단다. 두 분은 금실 좋은 부부로 소문이 나 있었다. 어머니는 바느질을 무척 좋아했다. 그런 어머니를 위해 아버지가 마련한 재봉틀로 집안일은 물론 마을 사람들의 바쁜 일손까지 덜어 주었다고 한다.

사십 초반에 홀로 된 아버지는 슬픔을 잊기 위해서인지, 잠시도 쉬지 않으셨다. 농사로 바쁜 와중에도 직접 치아세공을 하셨다. 지금 기준으로는 분명 불법이지만 이웃 마을까지 입소문을 타고 찾아오는 사람들이 많았다. 좁은 집안 한편에서 일에 몰두하시던 아버지와 종종거리며 잔심부름을 하던 내 모습이 아슴푸레 남아있다. 그래서인지 택호 중 '금이빨집'이 가장 정겹다. 아버지의 그 일은 생계에 적잖이 보탬이 되었지 싶다.

아버지는 여섯 남매를 삼 년여 홀로 키우셨다. 어머니가 세상 떠날 때 장남이 열아홉 살 막내가 네 살이었다. 얼마나 외롭고 힘드셨을까. 결국은 새어머니를 맞아들였다. 다행히 좋은 분을 만나 새로운 삶을 시작했지만 혹여 자식들이 설움을 받을까 노심초사했으리라. 게다가 호랑이라고 소문난 할머니가 계셨다. 새로 들인 며느리에 대한 시선이 곱지 않아 갈등이 잦았다. 그런 집안 분위기에도 아버지는 화를 내거나 누구를 탓한 적이 없었다. 할머니와 새어머니, 심지어 자식들에게도 그저 무심한 척 말을 아끼셨다.

열 살 무렵이었다. 찔레순을 꺾어 먹으려다 그만 언덕에서 넘어졌다. 그 바람에 부러진 나무 밑동이 발등까지 치밀고 올라왔다. 생각만 해도 아뜩하다. 꼼짝달싹도 못 하고 있는데 아버지가 황급히 오셨다. 그제야 눈물이 왈칵 쏟아졌다. 아버지는 나무 밑동에 박혀 있던 내 발을 빼낸 후 업고 집에 왔다. 발등이 퉁퉁 부어올라 통증이 이만저만이 아니었다. 욱신거려서 잠을 잘 수 없었다. 아버지는 상처가 덧날까 염려되었는지 밤새 내 곁을 지키셨다.

그날 밤, 상처는 깊고 소독약도 구할 수 없을 때였으니 얼마나 딱하고 막막했을까. 먼 길 떠난 어머니 생각도 났으리라. 아버지의 정성은 한여름 내내 지극했다. 밤낮으로 고름을 빼느라 느릅나무 껍질을 곱게 찧어 번갈아 붙이곤 했다. 그렇게 사랑으로 보살폈기에 흉터도, 후유증도 없지 싶다. 발등을 볼 때면 가끔 아버지의 눈물 자국이 그려지고 그리움이 울컥 솟구친다.

시대나 개인사를 감안한다 해도 아버지는 참으로 굴곡진 삶을 사셨다. 그런데도 굴하지 않고 성실하고 의연했다. 항상 일이 많아도 여유로워 보였다. 하얀 모시 두루마기 차림으로 외출하시던 모습이 지금도 눈에 선연하다. 내가 고향을 떠난 후에도 늘 그렇게 계셨건만 멀다는 핑계로 한 해 두세 번 찾아뵙는 게 고작이었다. 그래도 만날 수 있어 든든했는데 살갑게 손 한번 잡아드린 적 없다. 일흔셋에 떠나실 때 임종조차 지키지 못한 딸이었다. 세월이 흐를수록 회한도 깊어진다.

아버지 기일은 가족이 모두 만나는 날이다. 멀리 사는 형제자매와 조카들까지. 우리 가족은 볼수록 아버지의 심성을 빼닮았다. 함께 웃으며 이야기꽃을 피우다 보면 어느새 날이 밝았다. 아버지가 바라는 가족의 모습이 아닐까. 이 또한 아버지를 보고 배운 사랑법이리라.

어머니의 항아리

볕 좋은 뜨락에 항아리 셋이 나란히 앉아있다. 그 속에서 간장, 된장, 고추장이 나름의 맛을 내기 위해 한창 공을 들이고 있으리라. 가까이 가면 은근한 향이 코끝을 건드린다. 어릴 때는 집안 장독대에서 풍기는 그 냄새가 싫어서 근처에 가는 것도 꺼렸다. 그런데 언제부터인가, 일부러 그 냄새를 맡으며 틈틈이 항아리를 닦고 어루만진다.

옹기종기 어우러진 모양새가 정겹다. 울퉁불퉁 거칠고 못생겨서 자연스럽다. 세세히 보면 온통 흠집투성이다. 어머니의 고단한 삶의 흔적 같은 것이리라. 장독을 어떤 값진 골동품에 비하랴.

정월이면 장 담그는 일이 연례행사나 다름없다. 장이 부족하면 왠지 한 해가 궁색한 것 같다. 어느 해였던가. 항아리에 그득하던 간장이 바닥을 드러낸 적이 있다. 당연히 있거니 했는데 그리된 것이다. 황당했지만 햇빛이 도둑인 줄 나중에야 알았다. 물론 사서 먹어도 되지만 입맛에 맞는 것을 구하기는 쉽지 않았다. 그 후로 신경을 써서인지 그런 일은 없었다.

나는 옷가지와 당장 덮을 이불만 들고 와서 신접살림을 차렸다. 청도에서 서울까지 거리가 멀다는 이유도 한몫했다. 남편 역시 최소한의 세간살이뿐이었다. 덩그런 새집에 큰 플라스틱 함지박 몇 개와 주방 살림이 고작이었다. 그런데 마당 한쪽 장독대는 큰 항아리가 가득했다. 크기와 개수도 놀랍거니와 도무지 용도가 의아했다. 새색시라 내색은 못 하고 어느 날 장독을 살그머니 열어봤다. 장류와 무짠지만 조금씩 들어 있고 모두 빈 항아리가 아닌가. 하지만 차츰 채워졌다. 장을 담고 김장을 해서 땅에 묻었다. 어머니가 앞을 내다보고 미리 준비해 놓았던 게다.

결혼생활 십여 년을 거의 어머니와 함께했다. 워낙 어머니의 심성이 고우신 덕에 고부갈등은 전혀 없었다. 나는 전업주부가 아니었다. 그러니 집안 살림이 서툴고 어설픈 것이 많았으리라. 항상 며느리를 감싸주었지만 오직 장 담그는 것만은 직접 배우기를 바라신 듯싶다. 음력 정월 말날이면 어머니는 정갈한 옷을 갈아입고 손수 장을 담그셨다. 마치 부정한 것이라도 막으려는 듯, 정성이 조상님 제사상을 준비하는 맏며느리 같았다.

어머니는 해마다 형님댁에서 농번기를 보내고 가을걷이가 끝나면 우리 집으로 오셨다. 먼 길에 힘들 텐데도 콩이며 팥 참깨 같은 귀한 것들을 바리바리 들고. 세상 어머니가 다 그렇듯이 오직 자식들 생각에 당신 몸은 아끼지 않으셨다. 참 자애롭고 속정이 많은 따뜻한 분이었다.

어느 해 겨울 산후조리 중이었다. 어머니가 슬며시 내 손에 사과를 쥐어주셨다. 사과가 응당 시원해야 하거늘 뜨끈했다.

"어서 먹으라. 산모가 찬 것을 먹으면 나중에 이가 시리니라."

의아해하는 내게 말씀하셨다. 아무리 그렇다 해도 뜨끈한 사과라니. 어머니 앞에서 차마 마다할 수 없었지만 속으로 불만도 함께 삼켰다. 사과를 좋아하는 며느리에 대한 사랑이었음을 그때는 왜 몰랐을까.

한없이 베풀기만 하셨는데 나는 생각 없이 빈말까지 내뱉곤 했다.

"내가 물려받은 것은 항아리뿐이다."

항아리를 얼마나 애지중지하셨는데…. 그 말을 어머니가 들었다면 마음이 어떠하셨을까. 참 철없는 며느리였다.

그렇게 많았던 항아리도 몇 개 남지 않았다. 깨지기도 하고 필요한 사람이 가져가기도 했다. 그나마 사는 곳이 주택이고 자주 이사를 안 해서 남아있는지도 모른다. 우리 음식문화의 뿌리가 흔들리는 현실이 안타깝다. 주거환경과 일손 부족으로 상품화된 장류가 많다고 하지만 의미는 다르지 않을까. 혹여 기우라 할지라도 어머니 대로부터 정성껏 담가온 장맛이 혀끝에 남아있는 한 나는 변하지 않으리라.

요즘 항아리는 모두 예쁘고 반들반들 윤이 나지만 정이 가지 않는다. 값도 만만치 않다. 우리 집 장독대의 투박한 항아리는 내가 장을 담그지 않을 때까지 함께할 것이다. 어머니의 체취가 배어있는 유일한 그릇이 아닌가.

오늘따라 유난히 속 깊은 그 사랑이 그리워진다.

꽃으로 피어난 어머니

초여름 어느 날 영광 불갑사로 가는 길목이었다. 화사한 꽃들과 푸르름이 가득한 공원 가장자리에 한 무리의 잎이 시들어 있었다. 처연히 드러누운 그 모습이 예사로 보이지 않았다. 괜스레 울컥했다. 뒤에서 누군가가 꽃무릇이라고 했다. 말로는 들었지만 직접 본 것은 처음이었다. 그렇다면 꽃을 피우기 위해 잎이 지는 것이리라.

구월 중순에 여한 없이 피었다가 속절없이 지는 꽃, 꽃말이 '슬픈 추억'이라고 한다. 뜬금없이 서른아홉에 먼 길 떠난 어머니의 모습이 떠올랐다. 안타깝게도 나에게 어머니는 슬픈 추억뿐이다. 분명 젊고 건강할 때도 있었으련만, 내가 아는 어머니는 항상 병석에만 계셨다. 그 모습이 시든 잎을 만난 이후로 더욱 연상되었다. 활짝 핀 꽃무릇을 보고 싶었다. 그러면 내 안에 자리한 어머니의 초상이 밝아질 것만 같았다.

9월 중순이 되었다. 이맘때면 꽃무릇이 무리를 지어 핀다는 고창 도솔산 자락을 찾아갔다. 잔뜩 기대했건만 꽃은 시월 초에나 핀단다. 아쉬움이 잦아들지 않았다. 한적한 숲길을 한참 걷노라니 어디선가 청량한 물소리가 들렸다. 도솔계곡이었다. 손을 담근 채 무심히 고개를 들자 여남은 발짝 앞에 풀도 나무도 아닌 얄궂은 것이 있었다. 가까이 가보니 죽순 같은 연녹색 꽃대 하나가 오도카니 서 있는 게 아닌가. 절 주변이어서인지, 합장한 선승의 자태 같기도 하고 자식을 위해 기도하는 어머니의 모습을 닮기도 했다.

눈길을 펼치니 온 산자락에 고만고만한 것들이 군락을 이루었다. 내가 찾던 꽃무릇 꽃대가 분명했다. 무리 지어 있었지만 잎이 없어서인지 쓸쓸해 보였다.

'꽃은 언제쯤 피려나.'

속말을 하며 돌아서는데 바로 앞, 꽃대 하나가 빨간 꽃 다섯 송이를 매달고 있었다.

유난히 긴 꽃술이 매혹적이었다. 마치 마스카라로 속눈썹을 올린 듯 예뻤다. 내가 늘 그렸던 어머니의 모습이 겹쳐졌다. 병들거나 초췌하지 않고 어떤 슬픔도 비치지 않았다. 그 많은 꽃대 중에 어찌 하나만 피었을까. 나를 기다리기라도 한 듯 반가웠다. 그저 스쳐 지나갈 수도 있으련만 무슨 인연인가 싶었다.

낙엽이 지는 쓸쓸한 늦가을이었다. 성북동 길상사에 꽃무릇이 많다는 소식을 듣고 부리나케 찾아갔다. 길상사, '맑고 향기롭게' 그 푯말처럼 경내는 맑은 법향(法香)이 가득했다. 서울 근교에 이런 사찰이 있었나 싶을 만큼 한적하고 고즈넉했다. 오솔길을 따라 법정스님의 진영각으로 향했다. 길섶으로 검푸른 잎들이 윤기를 발했다. 담장 밑 초라한 스님의 유택까지 덮고 있었다. 하지만 꽃무릇은 눈에 띄지 않았다. 괜한 소문에 헛걸음한 것 같아 씁쓸했다.

그 푸른 무리가 바로 꽃무릇 잎인 줄은 며칠 후에 알게 되었다. 나는 느긋하게 있을 수만 없었다. 눈이 산사를 하얗게 덮은 날도 꽁꽁 얼어붙은 세밑에도 찾아갔지만 잎은 여전히 푸르렀고, 꽃을 보고 싶은 염원 또한 멈출 수 없었다.

봄이 되었다. 그토록 생기 넘쳤던 진초록 잎들이 강풍을 맞은 듯 죄다 꺾여있었다. 주변은 온통 꽃들의 향연인데 오직 꽃무릇만 그 모양새였다. 하지만 누가 그 질서를 거스를 수 있으랴. 숙명인 양 조용히 내어놓는 그 자리를 관조할 수밖에.

구월 중순, 때를 놓칠세라 또 성북동으로 잰걸음을 했다. 일주문을 들어서자 경내는 온통 선홍빛으로 가득했다. 드디어 여한 없이 피어있는 꽃무릇을 만난 것이다. 얼마나 찾아 헤맸던가. 그 무리는 눈이 부시도록 화려했다. 꽃에서 눈을 떼지 못했다. 나직이 어머니의 목소리가 들리는 듯했다.

"애달파 말거라. 꽃이 되어 여한 없다."

그 후 꽃무릇이 필 때면 길상사를 찾는다. 매년 절정을 맞추려고 하는데 어긋날 때가 있다. 그래도 실망하거나 애석해하지 않는다. 어머니는 이미 꽃무릇이 되어 내 안에 피어있으므로.

병실에서 지낸 하룻밤

눈 온 뒤 이어진 강추위에 길바닥이 꽁꽁 얼었다. 이런 날은 하얀 세상의 낭만보다 따뜻한 방 안에 있는 것이 더 행복하다. 차 한 잔의 여유를 즐기며 책을 펼치는데 전화벨이 울렸다.

"병원 응급실이에요. 어르신이 의식이 없어요."

가까이 지내는 요양보호사의 다급한 목소리였다. 그는 홀로 된 어른을 부모처럼 애틋하게 보살핀다. 나는 십여 년 전, 집 앞에서 만났다. 허리가 기역 자로 굽은 백발노인이 버겁게 손수레를 끌며 폐지를 줍고 있었다. 그 모습이 안쓰러워 헌책과 신문지를 모아드렸더니 고맙다는 말을 하고 또 했다. 비록 외양은 남루했지만 깍듯함이 남달랐다. 그렇게 자주 만나면서 홀로 힘겹게 사는 줄 알았다.

유난히 무더운 어느 날 문득 노인이 생각났다. 물어물어 집으로 찾아갔더니 한증막 같은 옥탑방에서 울고 계셨다. 얼굴이 벌겋게 달아올라 있었다. 무슨 일인지 깜짝 놀라 다가가서 손을 잡으니 지인이 세상을 떠났단다.

"그분은 슬하에 딸이 있어 영혼은 외롭지 않겠지요."

피붙이 없는 자신의 서러움을 토해냈다. 할 말을 찾지 못한 나는 그저 눈물만 글썽거렸다.

"혼자라고 생각지 마세요. 제가 딸이 되어 드릴게요."

나도 모르게 튀어나온 말이라 순간 당황했다. 다행히 노인은 귀담아듣지 않았다. 별다른 반응도 대꾸도 없었다. 하지만 나는 자신과의 약속이었기에 중압감이 들 때마다 스스로 다그치곤 했다.

응급실에 들어가자 백발의 가냘픈 체구가 금방 눈에 띄었다. 의사는 고열과 구토증세가 심한 폐렴이란다. 시티 검사를 해야 더 정확한 병명을 알 수 있다며 동의서에 사인을 요구했다. 그 전에 묻지 않을 수 없었다.

"구토는 할머니의 오랜 지병입니다. 그래도 폐렴일까요?"

의사는 흘려듣는 듯 재차 검진 결과를 말했다.

육인 병실에 입원한 노인은 의식도 열도 정상이었다. 굳이

번거로운 입원을 해야 할까 싶었지만 의사의 말을 따를 수밖에. 파킨슨병을 앓는 분이라 평소에도 몸이 굳어 거동이 불편했다. 숟가락질도 거북해하셨다. 그 몸으로 검사하느라 시달려서인지 더 쇠잔해 보였다. 눈을 감은 채 미동도 없이 누워만 계셨다. 푹 꺼진 눈가에 모진 삶의 흔적이 고스란히 서려있는 듯했다.

날은 점점 어둑해지고 병실에서 하룻밤을 보내자니 막막했다. 옆 침상의 할머니는 폐렴으로 고열과 씨름하고 계셨다. 나이 오십은 될 성싶은 아들이 어머니를 보살폈다. 앓는 환자를 연인처럼 끌어안고 속삭였다. 뭐라고 하는지는 알 수 없으나 어머니의 얼굴에는 발그레 미소가 번졌다. 그 모습을 보며 자문자답했다. 노인의 딸이 되겠노라 마음먹은 나는 그 노릇을 제대로 하고 있는지, 하지만 당당하지 못했다.

창가 침상에는 젊은 여인이 말없이 앉아있었다. 보는 내내 들고나는 이라곤 없었다. 그래서인지 더 쓸쓸해 보였다. 새벽 두 시쯤 되었을까, 갑자기 호흡이 예사롭지 않았다. 금방이라도 숨이 넘어갈 듯 기침을 해댔다. 보다 못해 나는 두 번이나 간호실로 달려가서 환자 상태를 알렸다. 시간이 꽤 지나서야 나타난 의사는 급한 모양이었다. 산소 호흡기를 연결하는 등 바쁜 손길이 이어지자 그녀는 안정을 찾는 듯했다. 더 빨리

의사가 왔다면 그만큼 환자의 고통도 덜 수 있지 않았을까. 물론 그들 나름대로 의료행위를 했으리라 믿고 싶다.

신음으로 가득했던 병실이 잠든 듯 고요해졌다. 나는 다시 신경이 쓰였다. 면역력도 바닥인 노인을 왜 폐렴 환자 틈에 계시게 하는지, 혹여 전염되지 않을까 밤새 속앓이를 하며 뜬 눈으로 병실 복도를 서성거렸다.

어느새 새날을 맞이했다. 노인은 병색이 호전된 듯 표정이 밝았다. 내 손을 꽉 잡고 병원 문을 나서며 말씀하셨다.

"세월 덕에 더부살이 함니더. 오래 살면 우짜꼬?"

그 말이 진심인 줄 알기에 더 마음이 아팠다. 삶이 얼마나 힘이 들면 그런 생각까지 하실까.

누군들 고통 없는 삶과 편안한 죽음을 바라지 않을까. 더구나 아무도 의지할 곳 없는 노인임에야 오죽하랴. 그저 살아계시는 동안 병마에 시달리지 않기를, 초라한 옥탑방에 모셔드리며 간절히 기도했다. 병실에서 하룻밤을 함께한 환자들도 속히 회복하기를.

그날을 기다리며

몸도 마음도 움츠러드는 세밑이다. 우한에서 발병한 코로나19가 발생한 지 거의 일 년, 언제 평범한 일상을 되찾을 수 있을지 안개 속이다. 방송마다 늘어나는 감염자 수와 병상을 기다리는 환자, 가족의 배웅도 없이 화장터로 내몰리는 시신도 있다. 한편에서는 백신 부작용을 호소하기도 한다. 다른 나라에서 들려오는 소식은 더 심각하다. 주거 제한을 하고 마을을 통째로 봉쇄한단다. 전 세계가 코로나 전시(戰時)라고 한다.

주변과 일상이 점점 죄어드는 듯싶다. 가까운 사람들도 만날 수 없고 병문안에도 제동이 걸렸다. 무엇보다 요양병원에 계시는 큰오빠 건강이 걱정이다. 피붙이도 만날 수 없으니 얼마나 외롭고 쓸쓸할까. 삼 년 전 고관절을 다쳐 입원했을 때 얼마 안 있으면 퇴원하려니 여겼다. 생각보다 회복이 늦어 이태를 병상에 계시다 코로나 팬데믹을 맞게 된 것이다. 오빠는 걷지 못할 뿐 정신은 여느 젊은이 못지않다. 가끔 안부 전화를 드리면 목소리도 전과 다름없다. 도리어 나를 챙기시곤 한다. 하지만 팔십 중반의 병원 생활이니 내일을 어찌 알겠는가. 찾아뵙고 싶어도 현실이 허락지 않으니 안타깝기만 하다.

한 치 앞을 알 수 없다. 한동안 만남이 뜸했던 친구의 딸이 부고 문자를 보내왔다.

"아버지가 돌아가셨습니다."

앞뒤 덧붙인 말도 없었다. 도무지 믿기지 않았다. 바로 연락을 하니 친구는 남편 장례를 치른 지 닷새째라고 울먹였다. 나는 무슨 말부터 해야 할지 몰랐다. 친구가 담담하게 그간의 얘기를 들려주었다.

"한 달 전에 남편이 비뇨기과 검진을 받았어요. 그 과정에서 잠깐 마스크를 벗고 물을 마셨는데 아무래도 그때 감염이 된 것 같아요. 이틀 후 갑자기 열이 나서 보건소에 갔더니 부부가 다 양성이라고 했어요. 입원실 부족으로 사흘을 기다리다 각각 입원하면서 어쩔 수 없이 생이별하게 되었어요."

이주 후 친구가 퇴원해서 남편을 찾아갔는데 이미 혼수상태였다고. 말 한마디 못한 채 돌아섰는데 이레 만에 한 줌 재가 된 남편을 만나게 되었단다. 유난히 금실 좋은 부부였는데 얼마나 허망했을까. 친구는 현실감을 잃은 듯 남의 말처럼 했다. 갑자기 들이닥친 비극을 실감 못 하는 모양이었다. 친구의 두 손을 맞잡고 실컷 울기라도 하면 위로가 될까. 하지만 만남조차도 쉽지 않으니 기다릴 수밖에.

나는 스무 살에 장티푸스를 앓았다. 감기몸살이 심한 듯하여 병원을 갔는데 대뜸 입원부터 시켰다. 텅 빈 독실이었다. 꿈인지 생시인지 낮인지 밤인지도 몰랐다. 그저 링거병이 빙글빙글 돌았던 기억만 남아있다. 정신이 들었을 때는 이미 아흐레째라고 했다. 주위에 아무도 없었다. 나 혼자 둔 식구들이 눈물겹도록 야속했다. 감염 때문에 누구도 얼씬할 수 없었음을 그때는 몰랐다. 장티푸스가 그토록 무서운 병인지도 나중에서야 알았다. 시간이 한참 흘러도 소독 냄새가 나면 그때가 떠올라서 몸서리치곤 했다.

의학적으로 확인된 것은 아니지만 혹 그때 장티푸스를 호되게 앓아 면역이 생긴 건 아닐까. 가끔 그런 생각이 들곤 한다. 나름대로 잔병치레 없이 무난하게 살았지 싶다. 언젠가는 지난 얘기할 날이 있으리라.

지금 내남없이 힘든 시기를 겪고 있다. 주변을 돌아보면 신음하는 소리가 여기저기서 들려온다. 무소불위의 바이러스 앞에 여유와 배려 따위는 이미 끼어들 틈이 없다. 때로는 아픈 경험도 시간이 지나면 그리운 추억이 될 수도 있을 터. 마스크로 입과 코를 막고 있지만 마음마저 막을 수는 없으리라. 좀 더 참고 견디노라면 큰오빠는 물론 남편을 잃은 친구도 만날 수 있고 평범한 일상 또한 되찾을 수 있겠지.

코로나로 고통을 겪고 있는 모두에게 잘 이겨내자고 격려와 위로를 보내고 싶다.

오래된 약속

칠월의 후덥지근한 아침이었다. 여느 때와 다름없이 상을 봐 놓고 남편을 불렀다.

"식사하셔요."

"응 알았어."

왠지 그의 말투가 마음에 거슬렸다. 어라, 왜 이러지? 고개를 갸웃대며 생각해 보니 처음은 아닌 듯싶었다. 언제부터라고 꼭 짚을 수는 없지만 뭔가 씁쓸한 기류가 있는 건 분명했다.

며칠 전, 지인 부부와 담소를 나누었다. 그들은 나란히 앉아 조곤조곤 속삭였다. 나는 그 부부의 말투와 분위기에 관심이 쏠렸다. 존댓말을 주고받으며 서로를 배려하는 듯했다. 잠시 망설이다가 실례를 무릅쓰고 물었다.

"참 듣기 좋아요. 두 분은 언제부터 서로 존대를 했어요?"

그들은 신혼 초부터 줄곧 그리해 온 거란다. 남편이 아홉 살 아래인 아내에게 말을 놓지 않았다고. 그리 말하는 지인의 표정이 행복해 보였다면 나만의 느낌이었을까.

우리 부부는 같은 초등학교에 다녔다. 남편은 육학년, 나는 오학년 때 전교 어린이회에서 서로 알게 되었다. 졸업 후에도 서로 허물없는 친구로 지내다 각자 객지 생활을 하게 되었다.

그 후 가끔 편지를 주고받으며 명절이나 고향에 무슨 행사가 있을 때 만나곤 했다. 그러기를 십여 년, 어정쩡한 우리 사이를 눈치 챈 아버지가 그의 형을 찾아가 둘의 혼인을 서둘자고 했단다. 정작 당사자인 우리는 그 사실을 전혀 모르는 상태에서 진행되었다. 두 집안의 성화에 못 이겨 떠밀리는 듯한 모양새였다. 그래도 서로 싫지 않았기에 따르지 않았을까.

결혼을 앞두고 한 가지 켕기는 게 있었다. 남편감으로 더 욕심이 없었고 동네에서 평판 또한 나쁘지 않았다. 다만 평소에 내가 그리던 남편상과 거리가 있었던 게다. 친구 같은 사람보다 리더형 인물을 원했다. 생각 끝에 그에게 말했다.

"결혼하고도 친구로 보이면 어떡하지?"

"그렇다면 서로 존대를 하자."

나는 그만하면 됐다 싶었다. 그의 성격으로 보아 약속을 지키리라 믿었다.

신혼 초 얼마동안은 지켜졌다. 그런데 언제 깨진 줄도 모르는 사이 나는 존댓말, 그는 반말을 하고 있었다. 막상 그렇게 되고 보니 새삼스럽게 해묵은 약속을 끄집어내기도 퇴색된 의미요 그럴 가치도 없을 듯했다. 그저 든든한 남편이자 가장이 된 것으로 족했다.

그런데도 이따금 그의 말투가 달갑지 않을 때가 있다. 심기를 건드리곤 한다. 감정이 널뛰기를 하다가도 성격상 오래 끌지는 않는다. 다만 오래전 약속을 기억하고 있는지 묻고 싶고 어떤 표정일지 궁금하다. 때로는 서로 거침없이 반말하는 부부의 말투가 신선하고 생동감마저 드니, 내가 바라는 게 그런 것일까 싶기도 하다.

얼마 전 '님아 저 강을 건너지 마오' 다큐멘터리 영화를 보았다. 백세를 앞둔 할아버지와 89세 할머니의 사랑과 이별이야기가 눈물겹다. 두 분은 어딜 가든 손을 꼭 잡고 다니며 아이들처럼 웃고 장난도 치신다. 그러면서도 서로 존댓말을 한다. 그 모습이 애틋하면서도 아름답고 존경스럽기까지 하다. 비록 말수는 적어도 노부부가 서로 의지하고 아끼는 마음을 읽을 수 있다.

반말이나 존댓말로 금슬의 척도를 매길 수는 없으리라. 우리부부의 반백년 세월이 그러지 않았는가. 아직도 진행형이다. 아니 변하지 않을 듯싶다.

저녁 무렵, 남편이 전화를 했다.

"좀 늦을 거요."

그가 무심히 한 말인지는 몰라도 오늘따라 내 귀에 꽂혔다. 기분이 나쁘지 않으니 이참에 그가 오래된 약속을 기억하고 있는지 슬쩍 물어 봐야 될까 보다.

부부의 자화상

이삼 년 전부터 그가 양봉에 관심을 두는 듯했다. 관련 책자를 구해서 읽곤 했다. 결국 올봄에 벌 열 통을 분양받았단다. 그래도 나는 그저 소일거리려니 했다. 하지만 남편은 그게 아니었다. 옷이 땀에 젖고 벌에 쏘여 눈이 퉁퉁 붓는 날이 잦았다. 그토록 열정적인 모습을 보여준 것도 오랜만이었다. 야심 또한 만만치 않은 듯, 변화한 그를 바라보자니 반가우면서도 은근히 걱정이 되었다.

화사한 봄꽃들이 다투어 피고 져도 그는 한가했다. 그러다 산과 들이 연둣빛으로 물들자 매일 새벽이면 집을 나가곤 했다. 오월 중순이었다. 전에 없이 늦게 돌아온 남편의 표정이 더없이 밝아 보였다. 보란 듯이 한 말짜리 통을 양손에 들고

서 있었다. 다가가서 받으려니 여간 무거운 게 아니었다. 그제야 내려놓고 이마에서 떨어지는 땀방울을 손등으로 닦으며 말했다.

"내 첫 수확이야. 아까시꿀이니 당신 많이 먹어."

화려하지 않고 수더분한 아까시나무 꽃은 동네 야산 어디서고 흔히 볼 수 있다. 탐스러운 꽃송이를 한 움큼씩 따서 먹곤 했던 달콤하고 향기로운 꽃, 그 꽃이 그토록 꿀을 담뿍 담고 있을 줄이야.

꿀통 뚜껑을 열자 아까시꽃 향기가 코를 찔렀다. 나는 그 달콤한 향기보다 통에 그득한 꿀에 눈길이 꽂혔다. 그가 흘린 땀의 결실이라니 대견하고 신기했다. 애써 공을 들이더니 해냈구나 싶어 한편 짠하기도 했다. 꿀을 어떻게 하고 싶은지 그에게 물었다. 대답은 간결했다.

"당신 마음 내키는 대로 해."

나는 갑자기 횡재라도 한 듯 들떴다. 그에게 보람이라면 주변 사람들과 나눠 먹는 것이리라. 바로 실천에 들어갔다. 양가 형제들과 가까운 친구와 지인들에게 선물했다. 택배로 보내고 만나서 전하느라 바빴지만 피곤한 줄 몰랐다. 더없이 행복했고 모처럼 기쁨을 맛보게 해준 남편이 고마웠다.

바닥이 나기 전에 딸들을 불렀다. 그 애들도 아빠의 성취가 신기한 듯 응원과 지지로 왁자지껄했다. 첫 수확을 축하한다며 지원금까지 내놓았다. 나도 그저 있을 수만 없었다. 눈치껏 '꿀을 팔았노라.' 섭섭잖게 수고비를 건넸다. 전혀 기대하지 않았는지, 좋은 내색을 감추지 못했다.

아까시꽃이 지고 밤꽃이 흐드러진 유월 중순이었다. 그는 처음보다 더 많은 꿀을 들고 왔다. 싱글벙글 웃으며 이번에는 밤꿀이란다. 흔히들 산에 밤꽃이 피면 향기가 마을까지 내려온다고 한다. 그 독특한 향기는 벌을 부르는 수꽃의 향기로, 암수의 수정을 위한 자연의 섭리란다. 벌들의 역할이 참으로 다양하고 섬세하지 않은가. 아무리 밤꽃이 많은 꿀을 품고 있어도 부지런한 벌이 없다면 꿀을 채취할 수 없으리라.

그는 이번에도 으레 알아서 하려니 믿는 눈치였다. 내가 경험이 있어 수월하리라 여겼겠지만 그렇지 않았다. 계속 나눠 먹을 수도 없고 그렇다고 파는 재주는 더욱 없는 노릇. 그동안 들어간 비용도 만만치 않을 텐데, 그가 쌓아놓은 꿀 상자 앞에 앉아 궁리만 무성했다. 바라만 봐도 부자가 된 듯했지만 그렇다고 마냥 끌어안고 있을 수는 없지 않은가.

그런데 실마리가 풀리기 시작했다. 꿀이 있다는 소문이 돌았던 게다. 알음알음 알게 된 지인들이 주문했다. 며칠 만에 동이 나고 남편의 주머니가 제법 두둑하니 바라보는 나도 덩달아 뿌듯했다.

우리 부부는 참으로 서로가 바쁘게 살았다. 무엇을 위해 그리했는지. 서로의 프레임 속에서 관심 없이 지낸 건 아닌지. 그런 게 삶이겠거니, 그 하루하루가 쌓이면 뭔가 이뤄지겠지 하는 막연한 바람으로. 그동안 크고 작은 풍랑이 삶을 흔들 때가 적잖았다. 그럴 때면 남편의 손을 잡기보다 혼자 버티기에 급급했다. 그를 믿지 못했던 것인지, 내 안에 나도 모르는 벽이 가로막았는지.

처음 양봉 얘기를 꺼냈을 때도 나는 귀담아듣지 않았다. 그런데도 그는 묵묵히 벌을 키우며 앞날의 설계까지 했나 보다.

"내년부터 벌통을 트럭에 싣고 전국을 유랑하자."

꽃을 찾아 방방곡곡을 떠도는 부부, 그 모습이 우리의 자화상으로 다가온다. 설사 그 자화상이 멋지게 그려지지 않을지라도 실망하지 않으리.

그는 양봉을 하면서 삶을 바라보는 시각이 달라졌다. 파랑새를 쫓듯 먼 데만 바라보던 그가 소소한 것에 만족할 줄 안다. 그게 양봉이 가져다준 변화가 아닐까. 나 또한 그의 변화에 기꺼이 동행하리라.

남편의 꿀 농사는 오늘도 진행 중이다.

손톱

언제부터인가 예쁜 손톱에 눈길이 갔다. 팔을 드러내는 여름이면 더욱 그랬다. 이제껏 얼굴은 화장해도 손은 신경 쓰지 않았다. 내가 손톱에 매니큐어를 바른 적이 언제였던가.

외출한 김에 연한 핑크색 매니큐어를 샀다. 한동안 바르기를 게을리하지 않았다. 하지만 지워지면 또 바르곤 하는 것이 여간 소모적인 게 아니었다. 부지런하지 못한 나는 결국 얼마 못 가서 포기하고 말았다. 그 후로 손톱을 곱게 손질한 사람이면 달리 보였다. 더러는 화려하게 치장한 그들이 부럽기도 했다.

한동안 손톱에 무관심했는데 엄지손톱이 눈에 거슬렸다. 가로로 난 실금이 얼핏 보면 때가 낀 듯했다. 아무리 씻어도 지워지지 않았다. 그냥 지내자니 누구 앞에 음식을 내놓거나 과일을 깎을 때면 손을 안 씻은 것처럼 보일까싶어 신경이 쓰였다.

산책하다가 우연히 주먹 안에 감춘 엄지를 보게 되었다. 마치 숨어 있는 듯했다. 애써 다섯 손가락을 활짝 폈다. 그렇게 얼마나 걸었을까, 엄지는 제자리로 가고 말았다. 멈춰서 못난이 손톱을 들여다보자 일행이 다가왔다. 그는 상태가 심상치 않다며 당장 병원에 가란다. 손톱을 보면 건강을 알 수 있노라고. 여태 별 지병이 없었던 나는 설마 무슨 일이 있으랴 싶었다.

시간이 지날수록 께름칙했다. 한의원을 찾았더니 의사가 대뜸 간이 안 좋은 증상이란다. 마침 며칠 전, 건강검진에서 간에 낭종이 있다는 말을 들은 터라 곧이곧대로 믿을 수밖에. 한약 두 제를 먹는 동안 손톱에서 눈을 떼지 못했다. 틈만 나면 실금이 좀 없어졌는지 살폈지만 그대로였다. 새 손톱이 나오기를 기다리려니 조급증에 수시로 손을 대곤 했다. 그럴수록 손톱은 더 윤기를 잃고 울퉁불퉁 골이 져서 볼썽사나웠다. 끝내는 손톱 밑까지 만지고 뜯어 상처가 날 정도였다. 원인이 뭔지 온 신경이 곤두서서 생병이 날 것만 같았다.

내과에 갔다. 의사는 손톱을 보자마자 피부과를 소개했다. 밀려나듯 나오면서 마음이 복잡했다. 혹 한의사의 진단보다 더 심각한 병인가. 그런데 피부과 의사의 말은 어처구니가 없었다.

"손톱 밑을 자주 손댄 것 같네요."

평소 지켜보기라도 한 듯 습관을 고치란다. 어쩌면 그리 나를 잘 알고 있는지, 마치 잘못을 하다 들킨 사람처럼 움찔했다. 의사는 아랑곳없이 말을 덧붙였다.

"의지만으로 쉽지 않을 수 있으니 테이프를 붙이는 것도 방법입니다."

그는 지극히 당연한 말을 했건만 병원을 나서는 나는 뒷덜미가 후끈했다. 간혹 아이들이 자라면서 손톱을 물어뜯는 것을 보았다. 나 또한 아이들의 그 버릇을 고치려고 애를 먹었다. 더구나 정서가 불안하거나 욕구불만이라니 더욱 관심을 기울였다. 하지만 이 나이에 누구의 도움을 받을 일도 아니고, 큰 병이 아니라니 마음을 다잡아야겠다.

누구든 크고 작은 버릇은 있기 마련. 아무리 고약한 버릇일지라도 노력하면 교정할 수 있으리라. 의지에 달렸다. 손톱에 손만 대지 않으면 그만 아닌가. 눈에 스치고 거슬려도 참을 수 있으리라.

드디어 엄지손톱에 하얀 반달이 떴다. 때 갇던 실금도 울퉁불퉁 보기 흉하던 자국들이 사라졌다. 이토록 반가울 수가, 손톱 뿌리에 반달이 선명한 것은 건강의 증표라고 하지 않던

가. 미뤄두었던 간 검사도 다시 했다. 그 또한 무사통과였다.

이즈음 내 손톱이 매끈하고 윤기가 돈다. 비록 화려하게 빛나지 않아도 이 모습 이대로 사랑스럽다. 아직도 고치지 못한 나쁜 버릇이 있을지 모른다. 무심코 하는 습관이 화를 부를 수도 있을 터. 과연 피부과 의사는 나의 명의다.

오늘도 두 손을 활짝 펴고 거리낌 없이 걷는다.

2.

낭만을 아는 고양이

까만 나비

세수하려는데 물 위에 까만 나비 한 마리가 떠 있었다. 손으로 물을 헤쳐도 달아나지 않았다. 눈을 껌벅이기도 하고 손사래를 쳐도 나타나곤 했다. 한참을 그러다 그놈이 내 눈 속에 있음을 알게 되었다. 기가 찼다. 언제부터 들어와 있었는지. 반나절을 끙끙대다 안과를 찾아갔다.

자초지종을 듣고 있던 의사는 태연스럽게 말했다.

"노화 현상에서 오는 비문증입니다."

파리가 날아다니는 것 같아 '날파리증'이라고도 한단다. 모양이 다양하고 딱히 치료방법이 없는 일종의 주름 같은 거라고.

병원 문을 나서려니 허탈했다. 잠시 공원 벤치에 기대고 앉아있는데 하늘이 유난히 맑았다. 구름 한 점도 없었다. 무심히 쳐다보다가 빛 가운데 까만 나비 한 마리를 발견했다. 시선을 돌려도 따라오는 모양새가 아침에 본 그 나비가 분명했다. 아니 그보다 더 크고 선명했다. 몇 마리나 되는지, 어떻게 같이 지내야 할지 심란해서 종합병원으로 갔다.

차창 밖 풍경은 더없이 평화스러운데 나는 초조했다. 결과를 조심스럽게 기다렸지만 의사의 처방은 동네병원과 마찬가지였다. 수술을 할 수 없는지 묻자 '빈대 한 마리 잡으려다 초가삼간 태우는 격'이란다. 내가 우울해 보였는지 자상하게 설명했다. "나이 들면서 유리체 혼탁으로 생기는 부유물이 망막에 그림자가 지는 거라"고. 두 병원이 약간의 차이는 있으나 결국은 노화 현상이 아닌가.

나는 점점 노화되어 가는데 나비는 어떤 변화가 있을까. 혹 자라거나 새끼라도 치면 어쩌나 싶다. 의사는 무시하다 보면 적응이 된다지만 느닷없이 나타나곤 하니 여간 성가신 게 아니다. 지인들을 붙잡고 물어보는 게 일상이 되었다. 그들의 반응은 구구했다.

"작은 점들이 구름처럼 떠돌아다녀."

"파리 떼처럼 몰고 다닌 지 오래됐어."

나는 심각한데 다들 별것 아닌 듯 한마디씩 거들었다. 여태 나만 모르고 있었으니 달관한 듯 말하는 그들 앞에서 머쓱해질 수밖에. 어쩌면 남의 일이려니 무심했을지도 모른다. 함께 공감하지 못한 자신을 되돌아보게 했다. 노화란 누구나 겪게 되고 나 또한 비켜 갈 수 없는 것을. 앞으로 내 몸의 변화가 이뿐이겠는가. 그때마다 침울해하고 호들갑을 떨 수는 없으리라.

우선 마음가짐부터 바꿔야겠다. 주변 사람들은 노화를 어떻게 극복하는지 눈여겨봤지만 다들 나름의 문제를 안고 있었다. 어떻게 받아들이는가에 따라 삶의 질이 좌우되지 싶다. 그들에게 날파리증 따위는 아예 관심조차 없는 듯했다.

어느 날 산책을 하는데 안개가 시야를 가린 듯 흐릿했다. 혹 까만 나비가 말썽을 부리는 건 아닐까 덜컥 겁이 났다. 다행인지 아닌지 안과에서 백내장 때문이란다. 무게는 다를지언정 그 또한 어쩔 수 없는 노화 현상이리라. 그래도 모르고 우왕좌왕하기보다 알고 대응하는 편이 훨씬 낫지 않겠는가. 어쩌면 그게 노년을 맞이하는 마음가짐일 터.

한동안 까만 나비가 눈에 띄지 않았다. 설마 그놈이 주인의 심기를 헤아려 다소곳하지는 않을 텐데. 내가 무심히 지낸 것일까. 그런 경우 일상사에도 흔히 있지 않은가. 어느 때는 일부러 보려 해도 나타나지 않는다. 구태여 왜 찾으려고 하는지 참 나도 모를 일이다. 그러다 하얀 벽이나 천장, 맑은 하늘을 바라보노라면 깜짝 출현하기도 한다. 잡으려 해도 잡을 수 없으니 마치 숨바꼭질을 하는 듯하다.

애꿎게도 까만 나비와 정이 든 것일까. 이대로 얌전히만 있으면 함께해도 무방하리라 싶다.

낭만을 아는 고양이

성내천 변을 자주 걷는다. 성내천은 남한산성 청량산에서 발원하여 송파구 중심지를 지나 한강으로 유입되는 생태하천이다. 잉어, 피라미, 미꾸라지 같은 물고기와 백로, 왜가리, 청둥오리 따위의 물새들이 찾아온다. 천연기념물 330호 수달까지 살고 있다. 맑은 물이 유유히 흐르고 천변에 수양버들과 벚나무가 숲을 이루었다. 철 따라 갖가지 꽃이 피어있어 아름답기 그지없다. 사계의 풍경 중에서도 여름밤의 운치가 으뜸이다.

왕복 한 시간 거리를 정해두고 더는 욕심내지 않는다. 정점은 아래로 물이 흐르는 나뭇길이다. 그 가장자리에 걸터앉아 더위를 씻는다. 갈대 사이로 흐르는 여울물 소리에 메마른 감성을 적시기도 한다.

밤마다 쏟아지던 장맛비가 잠시 주춤한 밤이었다. 사나흘 발이 묶였던 나는 누가 불러내기라도 하듯 서둘러 나갔다. 발길은 자연스레 나뭇길에서 멈췄다. 어둑한 물속에 팔뚝만한 잉어 떼가 다투어 고개를 쳐들었다. 여느 때처럼 번쩍번쩍 빛이 났다. 그 푸른빛과 가로등, 달빛이 빚어내는 몽환적인 밤 풍경에 그만 빠져들었다.

얼마나 시간이 흘렀는지 주위에 오가는 사람이 눈에 띄지 않았다. 으스스한 느낌이 들어 집을 향해 잰걸음을 했다. 앞만 보고 가는데 원추리꽃과 노랑꽃창포가 발길을 잡았다. 시선을 돌리니 한 여인이 벤치에 앉아있었다. 달빛을 받은 그 모습이 마치 한 폭의 그림 같았다. 끌리듯 그녀의 옆자리에 앉았다. 그런데 고양이 한 마리가 꽃창포를 바라보고 있는 게 아닌가. 언제부터였는지 미동도 하지 않았다. 나는 그저 고양이도 꽃을 좋아하나 보다 했는데 그녀는 가방에서 빵과 물병을 꺼냈다.

"나비야 배고프지 물부터 먼저 먹으려무나."

그 모습을 물끄러미 바라보고 있자니 고양이는 빵 조각을 주는 대로 연신 받아먹었다. 당연히 키우는 고양이려니 했다.

"고양이를 많이 좋아하나 봐요."

"그래요. 더불어 살아야 하지 않겠어요, 생명이 있는 거라면."

그녀는 가족이 얼마나 고양이를 사랑하는지 얘기를 풀어놓았다. 남편이 집 주변에서 먹이를 주다가 주민과 다투었고, 어느 날은 길고양이가 따라와 시골 언니에게 보낸 후 십여 년 동안 사료를 댄단다.

그녀가 살포시 고양이를 품에 안았다. 이리저리 손으로 만지고 살피더니 혼잣말을 했다.

"발톱을 안으로 오므리는 것을 보니 분명 길고양이가 아닌데, 왜 귀가 잘렸을까."

도무지 무슨 말인지 알 수 없었다. 호기심에 말을 건네자

"고양이 한쪽 귀 끝이 잘린 것은 번식을 막기 위해 정관수술을 한 증거예요."

그 표시는 세계가 공통으로 인정하는 것이라고. 그 사실을 알고부터 짠해서 먹이를 챙기게 되었다고 한다. 그녀는 고양이를 사랑하는 만큼 아는 것도 전문가 수준인 듯했다.

오래전 집 마당 후미진 곳에서 터를 잡고 살았던 고양이 가족이 있었다. 밤새 거슬리는 소리가 들렸다. 갓난아기 울음소리 같기도 하고 어느 때는 산통을 겪는 듯 악을 쓰기도 했다. 언제부턴가 그 소리가 잦아들었다. 별로 신경 쓰지 않았는데 듣고 보니 길고양이의 정관 시술과 무관하지 않은 듯싶다.

그녀의 품에서 내려온 뒤에도 고양이는 그 자리에 오도카니 앉아있었다. 내 입에서 불쑥 말이 나왔다.

"고양이가 사색에 잠긴 것 같아요. 전생이 선비였나 봐요."

"그러게요. 낭만을 아는 것 같죠."

우리는 길고양이를 방해하지 않으려고 숨죽여 웃었다. 그녀는 다른 동물에 대해서도 해박한 지식을 갖고 있었다. 오랜 지기처럼 더 많은 얘기를 듣고 싶었지만 밤이 늦어 어쩔 수 없었다. 우리가 자리에서 일어나도 고양이는 여전히 꼼짝도 하지 않았다. 정말 낭만을 아는 것일까. 그녀와 나, 고양이가 빚은 그 여름밤의 정경은 긴 여운으로 이어지리라.

솔직히 나는 고양이 행태를 볼 때마다 눈살을 찌푸리곤 했다. 후미진 곳에서 갑자기 튀어나와 놀라기도 하고, 동네 음식물 쓰레기를 헤쳐 놓아 볼썽사납게 했다. 그러니 길고양이 번식을 막는 제도를 어찌 뭐라 하겠는가. 하지만 생명체로 귀히 여기고 보호하는 사람들의 의견 또한 배제할 수 없으리라.

달밤에 스치듯 만났던 그녀와 길고양이를 다시 만나고 싶다.

신발 세 켤레

청계천 변을 걷는 촛불 행렬에 동참했다. 엄숙한 종교행사인지라 되도록 검소한 차림을 하려고 얌전해 보이는 구두를 신고 집을 나섰다.

도심도 잠든 자정 무렵이었다. 주변을 가늠할 수 없을 만큼 캄캄했다. 그 어둠 속에서 촛불이 행렬을 이루었다. 마치 세상을 밝히는 한줄기 불빛 같았다. 빛을 따라 한 삼십 분쯤 걸었을까. 발이 한쪽으로 자꾸 쏠렸다. 구두 밑창에 변고가 생긴 것이다. 이탈할 수도 없고 절뚝거리며 걷자니 여간 낭패가 아니었다. 한 짝도 마저 떼어버리면 균형이 잡힐까. 궁여지책으로 멀쩡한 구두를 벗어 바닥에 내리쳤다. 밑창이 힘없이 떨어졌다. 산 지는 오래됐지만 두어 번밖에 신지 않아서 아깝기는 해도 양쪽 높이가 같아 걷기가 한결 수월했다. 하지만 바닥이 종잇장같이 얇아서 버틸 수 있을까, 한 시간여를 걷는 내내 노심초사했다.

행사가 끝난 새벽녘, 불빛에서 보니 참 가관이었다. 구두 옆구리가 터져 그 틈새로 양말이 삐져나온 게 아닌가. 누가 볼세라 서둘러 대열에서 빠져나왔다. 오직 날이 밝기 전에 집까지 가야 한다는 생각뿐이었다. 첫차 안은 승객이 별로 없었다. 감추기도 쉽지 않아 잠든 척 눈을 감고 있자니 남루한 채로 고행한 발바닥은 심히 화끈거렸다.

며칠 뒤 미용실에 들렀더니 원장이 굽 높은 구두를 신고 있었다.

"다리가 아프실 텐데 왜 불편한 신발을 신었어요?"

"오래 신으려구요."

그녀는 경험담을 들려주었다. 구두를 두 해쯤 신지 않고 두었더니 삭았더란다. 신발도 사람 냄새를 맡아야 수명이 길다니, 그 말의 의미를 알 듯도 하고 모를 듯도 했다. 사람이 살지 않는 빈집이 쉬이 허물어진다는 말은 있지만 신발도 마찬가지임은 처음 듣는 얘기였다.

까마득히 잊고 있었던 겨울 부츠 생각이 났다. 상품권을 선물 받아 마련한 유명상표의 구두였다. 굽과 길이도 적당했고 검은색에 체크무늬 자수가 마음에 들었다. 아끼느라 특별한 날만 신곤 했는데 그만 발목이 아파 굽 없는 편한 신발만 찾게 되었다.

두어 해 지났을까. 발목 통증이 덜해서 신발장에 고이 넣어둔 부츠를 꺼냈다. 먼지가 낀 것 같아 닦으려는데 뭔가 꺼칠꺼칠했다. 자세히 들여다보니 마치 칼로 그은 듯 구두 전체가 잔뜩 금이 나 있는 게 아닌가. 어처구니가 없었다. 도리없이 버려야 했지만 그래도 정이 든 거라 신발장 깊숙이 넣어두었다. 부츠를 배신하는 것 같아 당장 신을 것이 아쉬워도 새로 장만하지 못했다.

이듬해 봄이 되었다. 신발장을 정리하려니 그 부츠가 먼저 눈에 띄었다. 미련 없이 없애려고 했다. 그런데 옆자리에 등산화 한 켤레가 떡하니 버티고 있는 게 아닌가.

남편 회갑을 앞두고 한라산 완주를 계획했다. 출발부터 실눈이 내렸지만 아랑곳하지 않았다. 산장을 지나자 함박눈이 앞을 가려 하늘과 땅의 경계가 모호했다. 보이는 거라곤 오직 앞 사람의 희미한 발자국뿐, 발이 푹푹 빠졌지만 신발 끈을 조이며 오른 정상은 눈부신 순백의 세상이었다. 그 몽환적인 설경과 완주의 기쁨은 어떤 환호로도 부족하리라. 세찬 눈보라에 몸을 부지할 수 없어 우리는 부둥켜안고 서 있었다. 그 아래 아득히 펼쳐진 백록담 또한 회백색 융단을 깔아 놓은 별천지였다.

그 환상의 세계를 누리게 해준 등산화이기에 결코 소홀히 할 수 없었던 게다. 벌써 십여 년이 흘렀다. 그때 무리를 했는지, 발목이 시큰거려 산행은 엄두를 내지 못해 등산화를 신발장에 모셔둔 꼴이 됐다. 볼 때마다 한라산의 하얀 눈꽃과 앞사람의 눈 발자국, 회백색 융단이 눈앞에 선연했다.

다시 이 등산화를 신을 수 있을까. 겉보기도, 손으로 만져 봐도 아직 짱짱하다. 하지만 신발 두 켤레가 준 상처가 깊어서 선뜻 신고 나서지를 못한다. 비록 영영 신을 수 없을지라도 가끔 눈 맞춤하며 추억을 나누리라.

두 대의 재봉틀

친정어머니 기일에 올케가 뜬금없는 말했다.

"어머니가 쓰시던 재봉틀을 제가 보관하고 있어요."

세상 떠나신 지 반 백년이 지났는데, 아직도 갖고 있는 올케가 고맙기도 하고 한편 서운하기도 했다. 왜 이제야 그 말을 하는 걸까, 진작 알았더라면 내가 간직해서 어머니가 그리울 때 보고 또 보고했으련만. 그 어떤 체취나 흔적조차 없어 목말랐던 순간들이 참으로 많았다. 그동안 묻혀있던 감정들이 그리움으로 밀려왔다.

어머니는 바느질을 좋아하셨다. 그래서 일찍 재봉틀을 마련했다고 한다. 그게 쉽지 않았던 시절이라 마을 사람들이 우리 집을 틀집이라 불렀다. 틈틈이 집안일은 물론 이웃의 바쁜 일손까지 덜어 주었단다. 어머니의 소일거리로 맞춤이었지 싶다. 그러다 병이 짙어 어쩔 수 없이 손을 놓게 되었다. 그때 어머니의 나이 삼십 대 중반. 일상을 포기하기에는 너무 나이가 아깝지 않은가. 나는 어머니의 그 어떤 것도 가진 게 없다. 혹 유품을 소홀히 여긴 탓은 아닐까, 전에는 생각하지 못했는데 새록새록 안타까울 때가 있다.

나는 재봉틀을 만지며 놀기를 좋아했다. 어머니의 빈자리를 재봉틀이 채워주었지 싶다. 가족의 옷을 만들기도 했다. 딱히 누가 가르쳐 준 기억이 없으니 어머니가 물려준 태생적인 재능이었으리라. 제법 주위의 칭찬을 받곤 했다. 그렇게 재봉틀은 고향을 떠나기 전까지 친구 같은 존재였다. 그게 올케네 집에 있다니 당장이라도 쫓아가고 싶었다. 어머니의 분신을 만날 수 있는 듯. 밤이 늦어 그냥 돌아왔지만 올케의 말이 내내 귓가에 맴돌았다.

벼르다가 드디어 재봉틀과 만났다. 생각했던 것보다 훨씬 깔끔했다. 어머니가 애지중지 곱게 다뤄서일까, 당장 바느질을 해도 손색이 없을 듯했다. 나는 생명체라도 대하듯 어루만졌다. 어머니의 체취라도 느낄 수 있을까 손을 떼지 못했다. 오직 하나뿐인 유품이건만 함께한 추억이 없어서인지, 그 어떤 공감대도 없이 눈물만 고였다. 재봉틀을 올케에게 맡겨두고 돌아오자니 발길이 무거웠다.

신혼 초였다. 모든 게 낯선 서울 생활에서 재봉틀이 있어 위안이 되었다. 남편이 가내공업을 한터라 혼인 전부터 있던 거였다. 나는 물 만난 고기처럼 종일 함께 지내다시피 했다. 그러다 내가 업을 이어받게 되었다. 거의 삼십여 년 재봉틀은 분신이나 다름없었다. 무던한 암소 부리듯 일을 시켰음에도 큰 말썽 부리지 않았고 더러는 그 앞에서 웃고, 울기도 했으련만 묵묵히 지켜봐 주었다.

어느덧 세월이 많이 흘렀다. 일에서 손을 놓게 되니 재봉틀도 일상에서 멀어졌다. 그러자 많은 일이 기다렸다는 듯 벌어졌다. 무엇보다 노화된 주택을 재건축하느라 경황이 없었다. 한 해에 세 번이나 연이어 이사했다. 세간살이를 이삿짐 창고에 맡기는 와중에도 재봉틀이 우선이었다.

완공 후 입주를 하려니 생각지도 않았던 문제가 불거졌다. 새집이라 밀폐된 탓인지 재봉틀에서 나는 역한 냄새가 이만저만이 아니었다. 아무리 닦아도 기름 쩐 냄새를 없애기는 역부족이었다. 하는 수 없이 사람 왕래가 없는 곳에 밀어둘 수밖에. 한동안 무슨 잘못이라도 저지른 듯 마음의 주름살이 펴지지 않았다.

삼년 쯤 지났을까. 우연히 역사박물관에서 낡디 낡은 재봉틀을 만났다. 스치듯 지났지만 그 잔상이 지워지지 않았다. 내쳐놓은 재봉틀이 눈에 밟힌 것이다. 시야에서 멀어지면 마음 또한 멀어진다더니 내가 딱 그 짝인 듯싶었다.

집에 오자마자 옥탑 방문부터 열었다. 재봉틀을 덮어 놓은 검정보자기에 먼지가 소복했다. 나를 원망하는 소리가 환청처럼 들리는 듯했다. 보자기를 벗겼더니 많은 흠집이 눈에 띄었다. 모두 내가 그리하지 않았는가. 재봉틀을 닦고 또 닦았다. 깨끗해질수록 상처 자국은 더 또렷해졌다. 어쩌면 세상 이치가 다 그렇지 않을까 싶다. 아무리 닦는다 한들 파인 흠집까지 지울 수 없음에야. 깔끔해진 재봉틀을 보고 있으려니 함께 했던 지난날들이 눈앞에 펼쳐졌다. 그런 날은 돌아오지 않으리라.

지금도 재봉틀을 생각하면 마음이 무겁다. 내 삶을 지탱해 준 주춧돌과 같은 존재. 그 하나는 멀리 있고 또 하나는 아무도 찾지 않는 골방에 있다. 어차피 내가 보듬을 수 없는 환경이라면 가슴앓이는 그만해야 할까 보다.

어머니 유품의 거취는 올케에게 일임하고 나의 삼십 년 지기는 마침 필요한 지인이 있기에 보내려고 한다.

바라춤

연등회 날이었다. 매년 열리는 행사였지만 올해는 특별히 세월호 희생자들의 추모를 위해 치러졌다. 나는 만장을 들고 선두행렬에 섰다. 그처럼 많은 만장을 본 것은 성철스님의 다비식 후 처음이었다.

제등행렬의 시작은 오후 일곱 시였다. 출발은 차분하고 숙연했다. 잠시 영혼들의 몸짓인 듯 바람이 길목을 휘몰아쳤다. 모두 긴 만장의 끝자락을 움켜잡았다. 그때 누군가의 목소리가 희미하게 들렸다.

"놓아 주세요, 그들의 혼과 한을 날려 보냅시다."

그러자 하얀 깃발이 일제히 펄럭였다. 동국대학교에서 조계사까지 애도의 인파가 이어졌다. 가늠하기 어려울 정도였다. 오래 서 있어서인지, 행렬에 나서자 발목의 통증이 예사롭지 않았다. 여느 때 같았으면 엄두도 못 냈을 것이다. 하지만 가슴에 노란 리본을 달고 대열에 서는 소임을 마다할 수 없었다.

해마다 풍물과 음악으로 화려했던 연등회였다. 올해는 목탁소리와 염불소리조차 숨죽이듯 조용히 치러졌다. 희생자들의 추모를 의미하는 백등과 실종자의 생환을 기원하는 홍등이 대부분이었다. 갑자기 뒤에서 구성진 가락이 울려 퍼졌다. 익숙한 소리…. 굳이 돌아보지 않아도 알 수 있었다. 불교 의식에서 꽃 중의 꽃이라는 바라춤이 펼쳐진 것이다. 꿈도 꽃도 피어보지 못한 어린 영혼들을 위로하는 의식이리라.

이십여 년 전, 강원도 어느 전방부대의 풍경이 떠올랐다. 한 지우의 남편이 군승장교였다. 그가 주도한 위령제에 참석한 적이 있었다. 한국전쟁 때 전사한 장병들의 넋을 위로하는 의식이었다. 그곳에서 피를 뿌린 영혼들이 떠나지 못하고 스며있는 듯 무거운 기운이 엄습했다.

바로 그때였다. 고깔을 쓴 비구니의 바라춤이 펼쳐졌다. 붉은 장삼 자락을 휘날리며 두 팔을 곱게 모았다가 펼지는 춤사위가 마치 비상하는 학의 날개처럼 우아했다. 그들의 양손에서 금빛 바라가 번쩍거릴 때마다 장중한 범패소리가 귓속을 파고들었다. 그 바라옴은 장렬히 산화한 영혼들을 위한 한줄기 단비였으리라.

그날 이후 지우와 함께 다도를 배우고 차밭 견학을 하며 가까워졌다. 그의 참한 성품에 매료되었던 게다. 그런데 북한산 단풍이 유난히 고왔던 날, 그와 함께한 산사음악회가 마지막 만남이었다. 언제고 다시 만나려니 했는데 소식조차 끊어졌다. 알음알음 들리는 소문에 남편을 따라갔단다. 어찌 그리 무심히 떠났을까 서운했지만 마음에서 놓기로 했다. 그녀의 남편은 군승이 아니던가. 구름처럼 물처럼 어디에도 걸림 없는 삶의 모습이거니 하고 스스로 달랬다.

주위를 둘러봤다. 흰 만장이 도도한 강물을 이룬 듯했다. 세로로 쓴 글귀마다 추모 분위기를 고조시켰다. '지켜주지 못해서 미안하다' '어른들을 용서해라' '너희를 잊지 않을게' 그중에 '대한민국이 울고 있다'라는 글귀에 그만 울컥하고 말았다. 나는 속울음을 삼키느라 발목 통증도 잊고 있었다.

조계사에 들어서니 연등으로 가득했다. 어둑한 마당 가장자리에 먼저 내려놓은 만장이 수북이 쌓여 있었다. 엉킨 듯 드러누운 그것들이 마치 '세월호'에 버려진 학생들을 보는 듯 가슴이 미어졌다. 졸지에 자식을 잃은 부모 마음은 오죽할까. 밤이 늦어 막차를 놓치지 않으려고 캄캄한 종로 뒷골목을 울면서 뛰었다. 눈물로 씻어지지 않는 슬픔 없다더니 속이 다 후련했다.

시간이 약이라 했던가. 슬픔도 분노도 차츰 치유되었다. 처음 참상이 벌어졌을 때는 온 나라가 깊은 수렁에 빠진 듯했다. 만나는 사람마다 눈물을 흘리는가 하면 탄식을 토해냈다. 다시는 있어도, 잊어서도 안 될 이같은 불행한 일이 없기를, 안전한 세상이 되기를 바라는 마음 간절하다.

연등회는 추모가 아닌 축제 한마당으로 펼쳐져야 하리라. 슬픈 통곡 소리도 꿈인 듯 아득하다. 바라춤의 가락이 울려 퍼져도 속울음을 삼키지 않을 듯싶다.

소녀 할머니

축령산 휴양림에 갔다. 큰딸네가 방학 때면 이용하는 교직원 교육장은 여름이 절정인데도 한적했다. 울창한 소나무와 하얀 바위들이 즐비한 계곡, 진녹색 여름 산은 바라만 봐도 눈이 맑아졌다. 잠시 삼림욕도 할 겸 남편과 산길을 따라 올라갔다. 장마 뒤끝이라 물이 흘러내린 흔적이 역력했다. 돌뿌리가 드러나고 아름드리 소나무가 뿌리째 널브러져 있었다. 사람도 뿌리가 튼실하지 않으면 그와 다르지 않으리라.

산허리쯤에서 발길을 돌려 물에서 놀고 있는 아이들을 만났다. 사람이 별로 없는 계곡의 물은 맑다 못해 눈이 시릴 정도였다. 남편은 딸 내외와 손주인 봄, 여름, 가을 세 아이와 물놀이에 빠졌다. 웃음소리가 온산에 울려 퍼졌다. 나는 혼자 돗자리에 앉아서 그들을 바라봤다. 함께하지 않아도 충분히 실감했다. 언제 왔는지 큰손녀가 옆에서 생글생글 웃고 있었다. 조금 전까지도 물에서 놀고 있었는데.

"할머니, 제가 별명 하나 지어드릴까요?"

별명이라니, 참 느닷없었다. 아이 입에서 무슨 말이 나올지 자못 궁금했다. 어린 것이 제법 진지하게 생각하는 듯했다. 나도 저 못지않게 은근히 마음이 쓰였다. 아홉 살짜리 아이 눈에 할머니가 어떤 모습으로 비췄을까.

봄이는 첫 손녀여서인지 아무리 울고 떼를 써도 사랑스러웠다. 모든 할머니의 마음이 다르지 않으리라. 걔도 나를 많이 좋아하고 따른다. 제 어미와 떨어져 며칠을 함께 지낸 적도 있다. 드디어 봄이가 입을 열었다.

"소녀 할머니!"

아이가 생각하는 소녀란 어떤 의미일까. 의아하면서도 가슴이 설렜다. 한편 민망하기도 했다. 어린 손녀의 말에 이토록 들뜰 수가, 내가 정말 소녀감성에 젖어있는 것일까. 하지만 캐물어서 혹여 마음이 다칠까싶어 접고 말았다.

내게도 마을 앞 시냇물이 놀이터였던 시절이 있었다. 십 미터 넘는 강폭을 헤엄쳐서 건너편 버들잎을 누가 먼저 따오나 내기도 했지. 그러다 추우면 햇볕에 달궈진 하얀 몽돌에 누워 젖은 몸을 데워가며 놀았다.

그때나 지금이나 아이들은 물에서 놀기를 좋아하나 보다. 요즘아이들은 얕은 물에서도 튜브를 끼고 어른들 시야에서만 맴돈다. 내가 고만할 때는 맨몸으로 깊은 물에서도 겁 없이 놀았다. 사진 한 장 없어도 기억 속에 고스란히 남아있다. 추억이 있기에 메마른 감성을 적실 수 있으리라.

친구들과 소 먹이러 가는 것도 좋아했다. 소들이 산에서 한가롭게 풀을 뜯는 동안 나는 물에서 놀았다. 깊은 물에 들어갈 때면 으레 새끼손가락에 침을 묻혀 귀속에 넣곤 했다. 누가 가르쳐주지 않았는데 왜 그랬는지 지금도 궁금하다. 아득히 높은 바위 위에서도 뛰어내렸다. 어찌 그리 겁이 없었는지, 잘못 부딪혀 배가 아플 때도 있지만 놀다보면 저절로 나았다. 지금의 나로서는 상상조차도 할 수 없다.

강에 산그늘이 지면 누렁소떼가 줄을 지어 내려왔다. 마치 약속이라도 한 것처럼 어김이 없었다. 고삐를 풀어 잡고 하얀 강변을 지나 강을 건널 때면 소들도 첨벙첨벙 신이 난 듯했다. 그 평화로운 풍경 속에 앳된 소녀 모습이 한 폭의 그림처럼 그려진다.

어둑한 집안에 들어서면 마당 한켠에 멍석이 깔려있고 언저리에 모깃불이 검은 연기를 품어냈다. 생풀을 태워 눈은 매워도 모기떼의 극성은 잦아들었다. 멍석에 누워있노라면 이따금 별똥별과 반딧불이가 스쳤을 뿐 푸른 별들의 천지였다. 북극성과 북두칠성, 은하 옆 내 별을 찾던 그 여름밤의 정경은 잊히지 않는 그리움이다.

밤이 되자 축령산 교육장에 푸른 별빛이 쏟아졌다. 어릴 때 바라본 고향 하늘처럼 주먹만 한 별들이 손에 잡힐 듯 가까이 있었다. 봄이가 그래서일까. 나는 소녀 시절로 되돌아간 듯했다. 아이의 손을 잡고 총총한 별 무리를 바라보며 그 옛날처럼 '푸른 하는 은하수'를 목청껏 불렀다. 풀벌레들도 노래를 따라하는 듯했다.

그동안 나의 소녀 시절은 추억 속에만 묻혀있었다. 아이가 던진 말 한마디에 이토록 설렐 수 있다니, 내 자신을 재발견한 듯싶다. 설사 해프닝에 불과할지라도 나는 '소녀 할머니'라는 별명을 마음에 담고 살련다.

오랜만에 추억삼매경에 들게 해준 봄이가 고맙다.

간장도둑

음력 정월 스무닷새였다. 큰딸이 와서 같이 시장에 갔는데 고추방앗간 앞에 메줏덩이가 쌓여 있었다. 그제야 장 담글 때가 됐구나 싶었다. 갑자기 마음이 바빠졌다. 해마다 손 없는 날이나 말(午)날에 담갔는데, 그날이 있으려나 서둘러 찬거리를 사들고 집으로 돌아왔다.

달력을 보니 닭(酉)날이었다. 그런데 정월에는 말날도 손 없는 날도 없었다. 그렇다고 달을 넘기자니 내키지 않았다. 몇몇 지인에게 전화했다. 한 친구가 자기 고향에서는 닭날에 장을 담근단다. 그날 또한 길일이려니. 서둘러 집에 있는 생수로 소금부터 녹였다.

온 가족이 힘을 보탰다. 사위는 부족한 생수를 사 오고 딸은 아빠가 사 온 메주를 씻었다. 나는 뜨거운 물로 항아리를 헹구고 간을 보기 위해 소금물에 달걀을 띄웠다. 오백 원짜리 동전 크기만큼 달걀이 뜨면 간이 적당하다. 옆에서 눈여겨보고 있는 딸에게 말했다.

"안 그래도 장 담그는 날, 너를 부르고 싶었는데 오늘이 마침 그날이네. 장은 직접 담가 먹는 게 좋을 것 같아서."

"저도 배워서 담가 먹으려고 생각했어요."

그 대답이 고맙고 대견해서 소금이 다 녹을 동안 추위도 아랑곳없이 많은 얘기를 했다.

"장은 정월에 담그는 것이 소금이 덜 들고 탈이 적다. 무엇보다 메주가 잘 떠야 장맛이 달단다. 잘 띄운 메주는 겉이 잘 마르고 하얀 곰팡이가 핀 것으로, 쪼갰을 때 속이 말랑말랑하고 검붉은 빛이 돈다. 장 항아리는 아예 볕이 안 들지도, 너무 들지도 않는 반음반양이 가장 좋아."

옥상에 어둠이 내려앉을 즈음, 항아리에 메주를 넣고 채에 거른 소금물을 장독에 부었다. 그리고 불에 달군 숯과 대추, 빨간 고추를 띄웠다. 그 위에 메주가 뜨지 않게 대나무로 눌러 놓으니 그림이 따로 없었다. 예전 부모님 세대에는 새끼줄에 숯과 고추를 끼워 장독에 금줄을 둘렀다. 그 풍습이 간편해진 것이리라. 아직도 메주를 사면 으레 숯과 고추가 따르니 장독을 그만큼 신성시하라는 뜻일 거다. 딸아이가 하나하나 예사로 보지 않으니 보람 있고 장 담그기도 어느 해보다 수월했다.

나는 장 담그는 풍경을 보고 자라서인지 연례행사로 여겨왔다. 담그는 일만큼 관리 또한 정성이 따라야 한다. 어머니는 쉬가 슬지 않게 덮개를 만들어 씌우고 볕 좋은 날이면 뚜껑을 열어놓곤 했다. 그대로 밭이나 들에 나갔을 때 소낙비라도 오면 여간 낭패가 아니었다. 장독에 빗물이 들어가면 쉬가 생긴다는 말이 분분했으니까.

결혼해서 처음 장을 담갔던 때가 추억처럼 떠오른다. 어깨너머로 보고 배워서인지, 익숙해지기까지 꽤 오래 걸렸다. 집안 살림을 건성건성 해 온 탓도 컸으리라.

어느 해인가. 도둑을 맞은 듯 간장이 눈에 띄게 줄었다. 누구를 붙잡고 물어볼 수도 없고 혼자 끙끙댔다. 급기야는 한집에 사는 총각의 짓이려니 애먼 사람을 의심했다. '그렇게 간장이 필요하면 기꺼이 줄 텐데. 양심이 없다'라고 속으로 시나리오를 쓰고 지우기를 거듭했다.

그 후 이삼 년 지났을까. 묵은장이 많아 굳이 담그지 않아도 될 성싶었다. 불볕더위가 기승을 부린 늦여름이었다. 항아리 뚜껑을 여는 순간 어이없었다. 그득하던 간장은 어디 가고 소금 덩이만 들앉은 게 아닌가. 당장 먹을 것도 없는데. 속이 상해서 이웃에 털어놓았더니 '간장도둑은 햇볕'이란다. 어처구니없었다. 훔친 사람보다 잃은 사람이 죄가 더 크다더니 내가 딱 그 짝이었다. 한동안 도둑으로 몰았던 총각을 볼 때마다 몸 둘 바를 몰랐다.

그 일이 있고부터 나름 장을 잘 갈무리하고 있다. 소 잃고 외양간 고치는 격이랄까. 장독대를 볕이 덜 드는 곳으로 옮기고, 여름 뙤약볕이면 뚜껑을 이중으로 덮어 놓는다. 그래도 유리 뚜껑이 등장하면서 훨씬 수월해졌다. 여닫는 번거로움이 없다. 항아리 주둥이에 맞춤한 뚜껑이면 먼지 들어갈 우려도 전혀 없다. 게다가 투명하고 숨 쉬는 유리라니.

오늘은 참으로 바쁜 날이었다. 딸아이는 내가 일러준 말을 얼마나 새겼을까. 과연 혼자 장을 담글 수 있을까. 아무래도 내 식의 '짐작이나 적당히'보다 메모를 꼼꼼하게 해 줘야 할까 보다.

오늘 못한 간장도둑 이야기도 해야겠지.

꿈의 길목에서

동대문시장에서 자투리 천을 샀다. 색깔이며 원단이 손가방을 만들면 딱 좋을 성싶었다. 하지만 가방은 처음이라 선뜻 손이 가지 않았다. 여러 번 천을 들었다가 놓았지만 아무래도 옷이 쉬울 듯했다. 그런데 마름질을 하려니 가위를 잡은 손이 가늘게 떨렸다. 손을 놓아서인지, 삼십여 년 원단을 다뤘건만 여간 조심스럽지 않았다. 막상 한 땀 한 땀 박음질을 하자 시간 가는 줄 몰랐다. 눈이 침침해서 창밖을 보니 어느새 해가 저물고 있었다.

오랫동안 나는 생계를 위해 옷을 만들었다. 그런데도 좋아한 일이었기에 열정을 다했고 보람도 있었다. 그저 옷감만 잡으면 뿌듯했고 완성품을 보면 피로가 풀렸다. 다행히 일감도 많았고 건강도 따라주었다. 여섯 가족의 생계를 혼자 도맡다시피 해도 옷을 다루던 나날들은 행복했다. 그렇게 언제까지할 수 있으리라 싶었는데 어느새 예순 중반이 넘자 몸이 신호를 보냈다. 삐걱거리다 못해 통증으로 병원 드나들 일도 잦았다. 다행히 자식들 공부 뒷바라지가 끝나 짐을 내려놓듯 사업을 정리했다.

일을 놓고 나니 홀가분하면서도 허탈했다. 가슴에 구멍이 난 듯 바람이 일었다. 눈만 뜨면 일감들이 그득했는데, 휑한 자리에서 나는 무엇을 해야 할지 엄두가 나지 않았다. 긴 세월을 일상처럼 반복했으니 왜 아니 그렇겠는가. 하루하루 지나면서 생각이 정리되었다. 혹 내가 하고 싶어도 못한 것은 없는지 차근차근 짚어봤다. 꾹꾹 눌러두었던 욕구들이 고개를 내밀었다. 여행, 봉사. 불교 공부 등 새로운 세계를 기웃거리며 한동안 시간을 보냈다. 끌리듯 채워가는 과정이 그리 흥미로울 수 없었다.

하룻밤을 넘기고서야 옷이 완성되었다. 마무리하고 보니 모양새도 제법이고 솜씨가 녹슬지 않아 흐뭇했다. 옷을 입고 거울 앞에 섰다. 모델이라도 된 양 자세도 취해보고 뒤태까지 살폈다. 볼수록 예쁘고 마음에 쏙 들었다. 이참에 맞춰 입을 블라우스도 하나 장만하고 싶었다. 내친김에 내 작품을 입은 채 바로 옷가게로 갔더니 주인이 물었다.

"어디서 구매했는지 옷이 멋있네요. 가격이 만만치 않겠어요."

"제가 만들었어요."

그러고는 옷가게 주인이 어떤 말을 했는지 기억이 없다. 칭찬은 고래도 춤추게 한다고 했던가. 며칠 동안 붕 뜬 마음이 가라앉지 않았다. 작정하고 만들면 뭐라도 해낼 듯싶었다. 한창때 주위에서 인정받고 자부심이 하늘을 찌른 적도 있지 않았던가. 무엇보다 내 손이 기억할 것이다. 게다가 하나 값이면 자투리 천으로 서너 개는 충분히 만들 수 있을 텐데 하는 계산까지 앞섰다.

마음이 급했다. 작업실 마련이 우선인 듯싶었다. 거실 공간을 활용하면 어떨까. 남편에게 조언을 구했다. 그는 쾌히 응해 주었다. 구체적인 설계도까지 그리며 덩달아 신이 나 보였다. 그 응원에 힘을 얻어 나는 내부 배치까지 염두에 두었다. 언제든 마음이 내키면 쉽게 옷을 만들 수 있는 공간, 재단대와 재봉틀, 다리미판 그리고 소품들이 가지런한 내 작업실을.

실내장식 공사 날까지 잡았다. 아담한 나만의 방을 상상만 해도 설레고 뿌듯했다. 그 방에서 무엇부터 시작할까. 예쁜 손녀들의 잠옷을 만들어 줄까. 내 원피스를 만들까. 아니면 친구 옷을 먼저 만들어볼까. 재봉틀 앞에 앉은 내 모습을 그려 보곤 했다.

그런데 세상일이 마음먹은 대로 되면 오죽 좋으랴. 한동안 순조로운 듯 들떠 있었는데 갑자기 눈 주변이 따갑고 근질거렸다. 거울을 보니 많이 짓무른 게 아닌가. 염증이려니 하고 안과를 갔다. 의사가 눈을 보자마자 무리하지 말고 아끼란다. 혹사하면 눈이 또 어떤 반란을 일으킬지 알 수 없노라고. 마치 내가 하고자 하는 일을 꿰뚫고 있는 듯 뜨끔했다. 사실 지금도 내 눈은 몇 가지 증세가 있다. 건조증과 백내장. 까만 나비까지 들어있다. 그런데도 일상에 큰 문제가 없다고 자부해 온 터였다. 그런 내게 의사의 말은 선고나 다름없었다. 더구나 의욕만 앞세워서 일을 벌이려고 하지 않았는가.

실내장식 공사부터 취소했다. 건강 앞에 겸손하지 않을 수 없다. 누군가 그랬다. 나이 들면 보석 같은 지혜가 앙금 진다고. 그렇다면 옷을 만들고자 부푼 꿈도, 이루지 못한 좌절감도 지혜로 다스려야 하리라. 찾아보면 걸맞고 보람 있는 일들이 분명 있을 터. 빈 곳을 바라보며 마음 달래는 이 순간을 새로운 도약으로 삼으리라.

다도

마른장마가 이어지는 후덥지근한 날이다. 평소 가까이 지내는 지인이 날씨도 꿉꿉하니 차 한잔하잔다. 그는 상가건물 오층에 살면서 옥탑에 다실을 꾸려놓았다. 소박하면서도 아치가 있다. 차향 그윽한 그곳에서 무슨 담소를 할까 상상하며 발길을 향했다.

그의 집은 지하철역에서 오 분 거리에 있다. 여우비에 옷이 젖은 채 다실로 올라갔다. 보글보글 찻물 끓는 소리는 마음마저 촉촉하게 적셨다. 앞뜰에 상추와 케일이 풋풋하고 수국과 벤저민, 금잔화가 화분마다 흐드러졌다. 큰 화분에 심어놓은 대추나무 열매도 실했다. 모두 주인의 쉼 없는 손길과 사랑의 결정체이리라.

그는 여느 때와 다름없이 다과를 내놓았다. 손수 말린 샛노란 금잔화가 찻잔에서 다시 활짝 피어났다. 금잔화 차는 눈을 맑게 하고 피부 노화를 예방하는 효능이 있다고 한다. 방아잎을 가미해서인지 은은하면서도 맛과 향이 독특했다. 그 맛을 내기까지 많은 수고가 따랐으리라. 한두 번도 아닌 터라 한 마디 건넸다.

"복중 손님은 범보다 무섭다는데 매번 번거롭지 않으세요."

"좋은 벗과 차를 음미하는 이 맛에 산답니다."

삶의 여유가 배어있는 그 다운 화답이 아닌가.

나도 막연히 다도를 동경한 적이 있다. 삼십여 년 전 몸도 마음도 지쳐 있을 때였다. 탈출구를 찾듯 다도 수업에 참여했다. 스승의 위의에서 기품이 느껴졌다. 한 치 흔들림 없는 꼿꼿한 자세며 절제 있는 언어, 동작 하나까지 우아해 보였다. 나도 모르게 그 분위기에 스며들었다. 함께 차를 음미하며 예절을 배우는 시간이 그리 즐거울 수가 없었다. 때마침 봄이라 차밭 견학과 내 손으로 채취한 찻잎을 덖어 말리는 체험도 했다. 잔뜩 달떠서 찻그릇도 마련하고 마음 또한 야무지게 잡도리했건만 신 포도가 되고 말았다. 일상의 굴레에서 벗어나지 못한 탓이리라. 하지만 다도가 '품위와 여유'라는 스승의 말은 마음 한켠에 자리했다.

그러다 봉사를 하면서 예의 다우를 만났다. 차탁 앞에 앉은 단아한 모습이 첫눈에 끌렸다. 나는 사찰에 처음 오는 손님들을 스님이 계신 차담실로 안내했고 그는 차를 우려내는 역할을 했다. 찻잔을 매만지는 손놀림 하나에도 멋과 여유가 느껴졌다. 순간 그가 부러웠다. 나도 그때 차를 놓지 않았으면 무르익었을 텐데. 그는 차에 관해 식견을 가진 만큼 거침없었다.

이십여 년을 차의 매력에 푹 빠졌단다. 그동안 즐겁고 보람된 일도 많았지만 힘든 고비도 극복했노라고. 자신이 하는 '차 봉사'를 같이 하자고 했다. 꿈만 같았다. 누가 그랬던가. 삶에서 만나는 사람은 물질이나 정신, 혹은 영적으로 필요에 의해서라고. 그렇다면 그는 내가 먹지 못한 신 포도를 손에 쥐여 주지 않았는가.

그와 함께하는 시간이 잦아지면서 나는 시나브로 변했다. 차 박람회가 열리면 명인들의 찻그릇을 감상하고 원산지 차도 시음했다. 차의 세계를 알고 이해하면 향기와 빛깔, 맛의 균형도 알 수 있을 터. 다양한 경험은 더없는 용기와 활력이 되었다.

나만의 다도를 익히는 것도 의미 있을 듯했다. 품위와 여유까지는 아니어도 예스럽고 정성스럽게 달여 마시면 되리라.

격식을 지켜 차를 마신다면 나 자신을 대접하는 것일 수도. 그게 일상이 된다면 좀 더 삶이 여유롭고 즐겁지 않을까.

다실은 그저 몸과 마음이 쉴 수 있는 공간이면 될 성싶었다. 어디가 좋을까, 차 살림은 어디서 어떤 것으로 갖춰야 할까. 집 안팎을 서성거리며 혼자 묻고 그림을 그렸다가 지우기를 거듭했다. 그 시간이 그리 설레고 행복할 수 없었다. 거실 한쪽이면 어떠랴 싶었다.

다우에게 내 속내를 털어놓자 자신의 일인 양 기꺼이 도와주었다. 함께 전문용품점을 찾아가 소나무 결이 은은한 원목 차탁부터 구입했다. 나지막해서인지 볼수록 앙증맞고 정이 갔다. 신혼살림을 장만했을 때처럼 마음이 부풀었다. 내친김에 진열장에 얌전히 있는 다구도 꺼냈다. 삼십여 년, 먼지에 절어있던 터라 숨통이 틔었을 게다.

차 살림이 옹기종기 어우러져 제법 분위기가 그럴듯하다. 차는 몇몇 다우들이 선물했다. 녹차, 황차, 홍차, 보이차, 그리고 오빠가 손수 말린 산국, 엉겅퀴, 구기자, 진달래꽃까지 다양하다. 이만하면 언제 누가 와도 차를 음미하며 정담을 나눌 수 있으리라.

장맛비가 주춤한 창밖을 바라보며 혼자 따끈한 보이차를 마신다. 찻잎을 따는 시기에 따라 등급이 분류되는 잎차와 달리 보이차는 여린 새싹에서부터 큰 잎과 줄기, 잔가지까지 발효한 것이라 깊은 감칠맛이 난다고 한다. 나는 아직 그런 오묘한 차 맛을 느낄 만큼 민감하지 않다. 하지만 한국 다도를 정립한 초의선사는 '차를 혼자 마시면 신의 경지'라고 했다.

그렇다면 지금 내가 누리는 이 여유를 나만의 다도라 할 수 있지 않을까.

울렁증

나들이를 다녀오는 길이었다. 관광버스에 탄 사람은 삼십 명 남짓. 창밖은 온통 가을로 채색되었고 다들 마음이 들뜬 듯했다. 무료해서인지, 한 사람이 일어서서 오늘의 소감을 나누자고 했다. 별다를 게 있을까 싶었는데 마이크는 이미 맨 앞 사람 손으로 넘어갔다.

졸음에 겨웠던 눈이 번쩍 뜨이고 가슴이 콩닥거렸다. 내가 앉은 자리는 중간쯤이었다. 마이크가 내 손에 오려면 얼마나 걸릴까. 차례가 가까워질수록 가슴 속 파장이 컸다. 어쩌면 그리 말솜씨들이 좋은지. 대부분 평소에 알던 모습과는 달리 재능과 끼를 발산했다.

나는 무슨 말을 해야 할까, 슬쩍 커닝도 하고 머리를 쥐어짜도 쉽사리 떠오르지 않았다. 멋진 멘트는 못할지라도 흉은 잡히지 않아야 할 텐데. 누구든 시간을 끌어서 서울에 도착하기 전에 내 차례가 오지 않았으면 싶었다. 하지만 바람이었을 뿐 결국 마이크는 내 손에 들어오고 말았다. 나름 준비를 했건만 머릿속이 하얘졌다. 참 별일이다. 차 안에 있는 사람들 모두 허물없이 지내는 사이인데. 모든 시선이 내게로 쏠리는 듯했다. 그럴수록 심장은 더욱 크게 뛰었다. 얼마간 마이크를 잡고 있었으니 분명 무슨 말이든 했을 게다.

그런데 전혀 기억이 없다. 혹 횡설수설한 것은 아닌지, 시간이 지나도 영 개운치 않다. 왜 나는 마이크만 잡으면 알레르기 반응처럼 울렁증이 이는 것인지 알 수 없다. 어떻게든 고치고 싶지만 그게 잘 안 된다.

얼마 전에 한 모임에서였다. 각자의 소견을 내놓는데 다들 준비라도 한 것처럼 술술 풀어 놓았다. 자신만의 색깔로 거침이 없었다. 하지만 나는 여간 고역이 아니었다. 살아온 세월도 전혀 짧지 않건만 왜 매번 표현에 궁색한지. 자신감이 없어서일까, 쫓기듯 몇 마디하고 나면 민망하기 그지없다. 얼굴까지 화끈거릴 때도 있다.

평소 누구와 말 섞기를 싫어하는 편도 아니다. 마음 맞는 사람들과 몇 시간도, 날이 저물어도 담소를 즐기곤 한다. 마이크를 잡을 때와는 무엇이 다를까. 상대에 따라 마음이 널뛰는 건 아닐까. 혼자 끙끙대다 언젠가 다 자란 아이들에게 솔직히 고백한 적이 있다. 그리고 딸은 엄마를 닮는다는데 걱정이라고 덧붙였다.

딸 셋이 입을 모아 그런 걱정은 아예 하지 말란다. 어디서고 말하는 것에 두려움은 없노라고. 그렇다면 내 기우는 접어도 되리라. 울렁증 따위는 아예 없겠지 하고 마음을 놓았다.

둘째 딸 결혼식 날이었다. 방금 예식을 치른 신부가 불쑥 하객들 앞에 서서 인사말을 하는 게 아닌가. 여간 당혹스럽지 않았다. 그 아이가 낯설기까지 했다. 나는 민망해서 하객들 앞에 고개를 들 수 없었다.

얼마 후 우연히 그 얘기를 들추게 되었다.

"미리 귀띔이라도 해줬으면 엄마가 그처럼 놀라지는 않았을 텐데…."

둘째의 대답은 더 가관이었다. 일일이 찾아뵙지 못하니 그렇게라도 한 거란다. 인사는 당연하지 않으냐고. 나는 무슨 말도 더 보탤 수 없었다.

텔레비전에 말을 잘하기로 유명한 강사가 나왔다. 귀를 열고 화면 앞으로 바짝 다가갔다. 그녀에게 비결을 묻자 한마디로 노력이란다. 그는 자신의 경험을 상세하게 덧붙였다. 어려서부터 말을 많이 하는 편이었고, 강의가 있을 때는 주제를 파악하고 A4 용지에 옮겨 입력될 때까지 외웠다고 했다.

말하는 것과 울렁증은 어떤 관계가 있을까. 그 강사는 꾸준히 노력했다는데 나도 노력하면 울렁증을 극복할 수 있을까. 앞으로 기회가 주어진다면 의기소침하지 말고 자신감을 가져 봄 직하다. 꽁무니 빼지 말고 당당해야 하리라.

설사 극복할 수 없다 해도 이제는 담담하게 받아들여야겠지.

연민

이슥한 밤에 현관문 두드리는 소리가 났다. 이 시간에 누구일까 싶어 문을 여니 경찰관 둘이 현관 불빛 아래 서 있었다. 가슴이 철렁했다. 그들은 정중하게 용건을 말했다. 음주운전자를 찾아왔다는 것이다. 좀 전에 들어온 남편을 두고 하는 말이었다. 약간의 취기는 있어 보여도 평소와 다르지 않았는데 음주운전이라니, 도무지 무슨 말인지 믿어지지 않았다.

수런대는 소리를 들었는지 그가 나타났다. 경찰이 술 마신 장소며 운전해온 경로를 물었다. 그는 당당했다. 집 앞까지 대리운전하고 주차만 자신이 했노라고. 그러자 경찰이 이미 짐작했다는 듯 말을 이었다.

"주차도 음주운전입니다. 1미터도 예외가 없습니다."

남편은 어이없다는 표정을 지었다. 뭔가 할 말을 찾지 못한 듯 가파른 숨을 몰아쉬고 내쉬기만 거듭했다. 경찰은 그저 맡은 바 임무에 충실하겠다는 태도였다. 바로 거실에서 음주측정을 했다. 생각보다 호의적이었다. 기다리겠다며 먼저 물을 많이 마시라고 조언까지 했다. 결과는 면허정지 100일, 벌금 80만 원.

경찰이 돌아간 뒤 그는 사건의 경위를 짚어나갔다. 누가 왜 신고를 했는지, 바쁜 대리기사를 위한 선의가 화근이 된 게 무척 억울한 모양이었다. 하지만 옆에서 보는 나는 솔직히 공감이 가지 않았다. 작든 크든 법을 위반했으면 인정하고 새겨야 하지 않겠는가.

지난 초여름의 악몽이 떠올랐다. 우이동 산자락에서 향우 모임이 있었다. 오랜만에 술잔을 주거니 받거니 하는 바람에 모두 거나하게 취했다. 해 질 무렵에 모임이 파하자 대리운전기사를 불렀다. 한 시간쯤 기다렸을까.

"죄송합니다. 마침 퇴근 시간이라 늦었습니다."

기사가 충분히 얘기했건만 남편은 막무가내로 화를 냈다. 평소에 시간관념이 철저한 그는 취중에도 오롯이 시간을 어겼다는 생각에 꽂힌 듯했다. 그 억지가 못마땅해서 기사는 안중에도 없이 우리는 티격태격했다. 그 사이에 대리운전자가 말

없이 가버렸다. 주위는 어둑해지고 여간 낭패가 아니었다.

다른 기사를 부를 수도, 다들 떠나 도움을 받을 수도 없는 처지였다. 그러자 그가 덜컥 운전대를 잡는 게 아닌가. 도무지 막을 도리가 없었다. 어쩔 수 없이 내가 옆자리에 앉았지만 이미 시동은 켜져 있었다. 마치 남편이 아닌 낯선 사람 같았다. 어떤 말도 할 수 없는 공포 그 자체였다.

경전철 공사 중인 우이동 복잡한 도로를 지날 때였다. 차들이 얽혀 꼼짝도 하지 않았다. 가뜩이나 조마조마했던 터라 혹 우리 차 때문은 아닐까. 창문을 열고 보니 다행히 그건 아니었다. 그곳에서 바짝 정신을 차려서인지. 무사히 집까지 도착했지만 그런 악몽이 없었다. 오는 내내 한마디 말은커녕 그 후로도 냉전은 오래 이어졌다.

평소 남편은 그다지 술을 좋아하지 않았다. 그런데 사람을 좋아해서인지, 분위기에 따라 어쩌다 폭주를 했다. 그럴 때면 당연히 대리운전을 시키려니 했는데, 집안에서 음주측정을 하고, 취중에도 운전대를 잡으니 평소에 아무리 반듯해도 마음을 졸일 수밖에. 그렇다고 일일이 따라 다닐 수도 없지 않은가. 다행히 더는 음주로 드러난 사건은 없었다. 내 신신당부가 헛되지 않았는지, 남편이 변했는지 알 수 없다.

이즈음의 그는 예전과 사뭇 다르다. 술자리도 많이 줄었고 마실 양이면 아예 대중교통을 이용한다. 취기 어린 모습을 본 지도 오래다. 어쩌다 함께한 자리에서 술잔이 오갈 때면 호기 부리던 때가 언제였던가 싶다. 혹 그의 변화가 세월의 더께 때문은 아닌지 연민이 일기도 한다.

모처럼 외출하는 길이다. 운전대를 잡은 모습을 보니 많은 생각이 교차한다. 그는 어떤 사람일까. 부부라는 이름으로 반백년을 함께했어도 아직 모르는 게 많다. 지금 내 옆에 있는 남편은 지극히 이성적이고 편안해 보인다. 모든 것을 내려놓은 듯 야망에 찬 예전 모습은 어디에도 없다.

차창 밖으로 시선을 돌린다. 오월의 햇살이 따사롭다.

3.

끝내 부르지 못한 이름

끝내 부르지 못한 이름

십일월이 되면 달력을 펴고 26일에 동그라미를 그린다. 그 아래 성당 가는 날이라고 쓴다. 어머니 기일이다.

새벽미사에 참석하려고 발길을 재촉한다. 문을 열면 어딘가에 어머니가 계실 것 같아 두리번거리게 된다. 하지만 작은 체구에 허리 굽은 백발노인은 내가 그리는 허상임을 이내 깨닫는다. 긴 의자의 차디찬 냉기가 온몸으로 스며든다.

"박춘자 아가다의 영원한 안식을 위해 기도합시다."

해마다 들어도 그 이름은 매번 가슴이 저리다.

7년 전 처음 성당에 발을 들여놓았다. 새벽 네 시에 어머니의 장례미사를 위해 운구를 따라갔다. 성당 가족 몇 분이 기다리고 계셨다. 누군가 흐느끼는 내 어깨를 안아주고, 시린 손을 따뜻하게 잡아주었다.

생전에 어머니는 누누이 말씀하셨다.

"내 죽거들랑 오시는 손님 부디 빈 입으로 보내지 마소."

"염려 마세요."

나는 한 번도 깊이 새겨듣지 않았다. 그저 건성으로 대답하곤 했다. 솔직히 피붙이가 없는 고인의 빈소를 누가 찾아오랴 싶었다. 그래서 살갑게 답을 못했는데 회한이 든다. 영면하시고야 깨닫게 되다니.

주변에서 빈소를 마련하지 말라는 얘기가 분분했지만 '고인의 뜻'이라고 설득시켰다. 나는 삼일 간 추모객을 맞았다. 몸져누워서도 오로지 천주님만 찾으신 어머니, 교우들이 많이들 찾아주어 빈소가 훈훈했다. 그들의 기도로 고인도 외롭지 않을 것 같았다.

늦은 밤 영정사진 앞에 무릎 꿇고 앉았다. 액자 속 어머니가 환하게 웃고 계셨다. 생시에 거의 매일 뵈었지만 못다 한 얘기가 가슴에 고여 있었다.

"어머니라고 부르지 못해 죄송합니다. 그래도 제 어머니셨습니다."

때늦은 고백 같아 목이 메었다.

평소 어머니 방에는 음료수가 넉넉했다. 곤고한 형편에 구입하느라 애쓰는 것 같아 말렸지만 듣지 않으셨다. 그게 정이라며 당신을 찾아오는 이들 손에 쥐여 주곤 했다. 꼬박꼬박 받는 기초생활비마저 고맙고 미안하다며 나누려 하셨다.

파지 줍는 노인에게 헌책을 챙겨 드리면서 우리 인연이 시작됐다. 버거운 손수레를 끌면서도 늘 깔끔한 모습이 인상적이었다. 자주 뵙다 보니 자연스레 사정을 알게 되었다. 아예 피붙이도 없이 외롭게 사신다는 것을.

찌는 듯한 여름 오후, 문득 노인이 생각나서 수박 한 통을 들고 찾아갔다. 그런데 옥탑 방에서 혼자 울고 계시는 게 아닌가. 누가 오는지 가는지도 몰랐다. 열기에 벌겋게 달아오른 얼굴은 땀과 눈물로 범벅이었다. 나를 보자 더 눈물을 쏟았다. 영문을 몰라 다가가서 노인의 두 손을 꼭 잡아드렸다. 한 교우의 장례식장에서 서럽게 우는 딸을 봤단다.

"그분은 딸이 있어 가는 길이 덜 외롭겠지요."

내 눈에서도 눈물이 흐르고 있었다.

"혼자라고 생각지 마세요. 제가 딸이 되어 드릴게요."

장맛비가 추적추적 내리는 밤이었다. 왠지 불안하여 쫓아갔더니 노인이 옥탑마당에 쓰러져 계셨다. 너무 놀라 몸을 일으켜도 눈을 뜨지 못했다. 언제부터 비를 맞았는지 부들부들 떨고 계셨다. 바로 119에 연락해서 병원으로 모셨기에 망정이지 무슨 변고를 당했을지 몰랐다. 그 뒤로 몸은 집에 있어도 마음은 늘 그분께 가 있었다.

오랫동안 파킨슨병을 앓고 있었다. 어느 날은 냉장고 문을 열어놓고 닫지도 못한 채 쓰러져 계셨다. 냉기에 온몸이 뻣뻣했다. 다행히 황급히 응급실로 모셔서 변을 면했지만 누군가의 손이 꼭 필요한 환자였다. 하지만 직업과 가사를 병행하던 나는 늘 시간이 부족했다. 딸 노릇을 하겠노라 해놓고 지키지 못하는 것 같아 그저 안타깝기만 했다.

딸같이 여겨주기를 바라는 내 마음을 아시는지 모르시는지 이십여 년 한결같이 나는 노인에게 사모님이었다. 아무리 그러지 말라고 해도 듣지 않으셨다. 정이 쌓일수록 그 호칭은 거북하기만 했다. 그러니 어찌 허물없는 모녀간이 될 수 있겠는가. 숨을 거두는 마지막 순간까지도….

"사모님 이제 고마 애쓰지 마소."

그 한마디 하시고 조용히 눈을 감으셨다.

"어머니, 이제 편히 가세요."

끝내 부르지 못한 그 이름이 가슴을 저미게 한다. 그래도 나는 믿는다. 우리 사이에 호칭이 무에 대수랴. 분명 어머니는 나를 딸처럼 의지했고 우리는 그 어떤 모녀보다 애틋했음을.

웃는 연습

먹구름이 소나기를 몰고 올 것 같은 여름 오후였다. 몸이 먼저 날씨를 알아챈 듯 여기저기서 신호가 왔다. 웬만하면 참고 지내는데 왼팔이 유난히 무겁고 아팠다. 아무래도 정형외과를 가봐야 될 성싶었다.

의사가 아무 말 없이 내 표정을 찬찬히 살폈다. 마주하고 앉아있자니 민망하고 당혹스러웠다. 한참을 그러더니 말을 던졌다.

"하루에 몇 번이나 웃으세요?"

팔이 아프다는데 도대체 무슨 말인가. 대답은 해야겠는데 언제 웃었는지, 웃을 일이 있었는지도 아리송했다. 그저 멀뚱히 바라보기만 했다. 의사는 딱하다는 듯 웃지 않아서 애꿎은

팔이 앓고 있단다. 어처구니가 없었다. 농담 섞인 말투도 아니고 꽤 진지해 보였다. 그는 내 반응이 시원치 않았는지, 웃어야 통증을 치유할 수 있노라 거듭 강조했다. 의사의 말을 그냥 흘려버리자니 뭔가 꺼림칙했다.

주사를 맞고 병원 문을 나서는데 빗방울이 떨어졌다. 우산도 펴기 싫었다. 젖은 옷 그대로 거실 소파에 풀썩 앉았다. 그러자 거울 속의 한 여자가 잔뜩 찡그린 얼굴로 나를 바라봤다. 그가 바로 아픈 팔을 끌어안고 있는 내 모습이 아닌가. 눈을 맞추고 속엣말을 했다.

'웃지 않아서 팔이 아프단다. 웃어 보자. 안 되면 연습이라도 해야겠지.'

혀끝을 입천장에 대고 살짝 입꼬리를 올렸다. 낯설고 멋쩍어서 할 짓이 아니었다. 그렇다고 포기할 수도 없는 노릇, 손주들의 예쁜 짓까지 떠올리며 눈웃음, 함박웃음을 지었다. 누가 봐도 온전한 정신으로 여기지 않았을 게다. 하지만 억지웃음도 구십 퍼센트의 효과는 있다고 했다. 뇌는 진위에 상관없이 인지해서 스트레스를 줄이고 질병 치료에 도움이 됨을 의학적으로 입증되었다. 심리학을 창시한 미국 철학자 윌리엄 제임스도 '행복해서 웃는 게 아니라 웃으니까 행복하다'는 말을 남겼다. 또 영국 수상 처칠이 말했다.

'웃지 않는 사람은 백만 달러를 은행에 저금해놓고 쓰지 못하는 사람과 같다.'라고.

아무리 도움이 될 만한 글을 찾아 읽고, 되뇌곤 해도 허사였다. 날이 갈수록 얼굴은 더 죽상이 되었다. 점점 팔을 들지도, 돌릴 수도 없었다. 밤마다 통증과 씨름하느라 정신이 혼미해지곤 했다. 도대체 무슨 병인가 싶어 종합병원을 찾았다. MRI 검사결과 흔한 오십견이란다.

그날부터 양방, 한방을 순례했지만 통증은 차도가 없었다. 주변에서는 앓을 만큼 앓아야 낫는다고 입을 모았다.

그렇게 두 해를 앓으면서 몸도 마음도 지칠 대로 지쳤다. 다시 처음 만났던 정형외과 의사를 찾아갔다. 여느 의사들과 처방이 달랐기에 지푸라기라도 잡는 심정이었다. 그는 안타까워했다.

"아무래도 마음으로 앓는 것 같아요. 정신과에 한번 가보세요."

아무 처방도 없이 단호했다. 갈수록 태산이라더니 정신과까지 보태는 게 아닌가. 온몸에 기운이 빠진 듯 한걸음 내딛기도 힘이 들었다. 괜스레 서러움이 복받쳤다. 잠시 병원대기실에 앉아 마음을 추스르자 심리 상담을 하는 둘째가 떠올라 바로 전화했다. 그 아이 목소리를 들으니 그만 눈물이 왈칵 쏟아졌다. 그런 엄마에 비해 딸은 차분했다. 상담사가 되어 조곤조곤 물었고 나는 목이 멘 채 답했다.

"엄마 곧 괜찮아질 거예요. 수면이며 식욕이 정상이니 걱정 마세요."

어쩌면 나는 그 말을 듣고 싶었는지 모른다. 한 발짝도 뗄 수 없었던 다리에 힘이 주어져 정신과가 아닌 집으로 발걸음을 돌렸다. 긍정의 말 한마디가 그토록 힘이 될 줄이야.

거울 앞에 섰다. 내 모습이 달라 보였다. 그동안 그늘진 얼굴은 어디 가고 입꼬리가 살짝 올라갔다. 그 표정에 반해 한참을 나르시시스트가 되었다. 두 팔을 죽 뻗고 어깨 위로 젖혔다. 통증이 사라졌다. 앓을 만큼 앓아서일까. 아니면 웃는 연습을 꾸준히 해온 결과일까.

많이 웃는 사람일수록 건강하고 장수한다고 한다. 나이 들수록 줄어드는 웃음, 억지로라도 많이 웃고 그게 안 되면 매일 웃은 연습을 해야겠다.

들꽃 같은 그녀

탈북민을 위한 전통혼례식에 도우미로 갔다. 문을 열고 들어서니 인기배우들이 전통의상 패션쇼를 펼치고 있었다. 소박한 혼례인 줄 알았는데 의외였다. 주인공이 어디쯤 있을까 찾고 있는데 저만치 아름다운 신부가 걸어왔다. 키가 엄청나게 커 보였다. 그녀의 팔을 잡아주기는커녕 내가 도리어 매달릴 것만 같았다.

다가가서 장갑 낀 신부의 손을 잡고 인사를 했다.

"결혼 축하합니다."

왠지 그녀의 표정이 시큰둥한가 싶더니 볼멘소리를 했다.

"도우미가 늦게 오셔서 절 연습을 못 했잖아요."

나는 분명 시간약속을 지켰다. 그녀의 말이 좀 거슬리긴 해도 최선을 다하려는 신부의 모습 같아 밉지는 않았다. 함께 사람들이 덜 붐비는 홀 뒤쪽으로 가서 절 연습을 했다. 진심이 통했는지 신부의 표정과 말투가 한결 부드러워진 듯했다.

바로 혼례가 이어졌다. 패션쇼를 치른 휘황찬란한 무대 그대로였다. 많은 기부단체의 조명을 받는 특별한 전통혼례식이었다. 잔뜩 긴장한 나와 달리 신부는 담담해 보였다. 쉽지 않았을 터인데 절을 요령껏 잘해서 도우미 역할이 생각보다 수월했다.

그날 후 탈북민을 만나면 호기심이 일었다. 예쁘고 당찬 신부의 잔상이 떠올랐지만 보이는 것이 전부는 아닐 터. 그 이면에 많은 사연을 담고 있으리라. 마침 그들을 위한 일박이일 홈스테이 기회가 생겼다. 곧 이 땅에서 새로운 터전을 잡고 살아갈 '탈북민 가정문화체험'이었다. 특별한 경험이 될 것 같아 기대되었다.

교육이 있는 날이었다. 담당자가 목멘 소리로 당부했다. 사선을 넘어온 이들이니 어머니처럼 따뜻하게 보듬어주고 갓 지은 밥을 대접하란다. 그들의 고향을 깎아내리거나 지나친 호의로 소외감이 들지 않게 조심하고, 쇼핑과 음식점 대중교통을 이용하는 그들의 체험을 돕는 역할이었다.

그 후 집안 정리와 밑반찬을 만들며 손님 맞을 준비를 했다. 취향은 어떤지, 혹시 책을 좋아하는지, 기억에 남을만한 뭔가를 하고 싶었지만 마음만 바빴다.

그들이 집으로 오는 날이었다. 만남의 장소에서 이름만 있는 빈자리를 바라보며 생각에 잠겼다. 과연 교육받은 대로 어머니만큼 보듬을 수 있을지. 그런데 예쁘고 발랄한 두 아가씨가 양쪽에서 손을 꼭 잡아주었다. 긴 머리에 훤칠한 키와 날씬한 몸매가 내 조카를 연상케 했다. 그래서 낯설지 않았을까. 나는 얼른 깍지 낀 손을 풀어 양팔로 끌어안았다.

"그래, 반가워요. 고생 많았지?"

환영 행사는 그들의 춤과 노래로 화기애애했다. 서슴없이 흥과 끼를 발산했다. 마치 남한과 북한, 중국 가수들의 미니 콘서트 공연을 보는 듯 흥미로웠다. 행사가 끝나자 바로 쇼핑에 나섰다. 복잡한 잠실 지하상가에서 놓칠세라 노심초사했건만 저들은 거침없었다. 여러 상점을 드나들며 흥정도 깜찍하게 잘했다. 눈빛이 반짝거렸다. 하나원 카드로 부족하면 비상금을 털겠노라, 나름 통 큰 쇼핑을 즐기는 듯했다.

저녁을 사 먹고 지하철을 이용해서 집에 오니 밤 열 시였다. 피곤할 텐데도 잠잘 생각은 않고 말을 걸어왔다. 미용기술을 배우고 싶은데 진로가 고민이라고. 그러다 소설에나 있을 법한 자신에 관한 얘기를 풀어놓았다. 그녀는 일곱 살 아이를 둔 엄마였다. 열네 살에 탈북해서 중국 남자와 아이를 낳고 살았으나 신분증이 없어 늘 불안했단다. 떳떳하게 살고자 사선을 넘다가 부러진 발가락을 내보였다.

듣고만 있던 다른 친구도 말문을 열었다. 그 역시 오 개월 된 젖먹이를 떼놓고 왔단다. 퉁퉁 불은 젖가슴을 눈물로 말렸다며 흐느꼈다. 나는 그녀의 들썩이는 등을 토닥였다.

"잘 견뎠구나. 대단해. 무사히 왔으니 보람 있잖니."

두 사람은 스물네 살 동갑내기였다. 처지가 비슷해서인지, 자매처럼 서로 의지하는 듯했다.

이튿날 그들이 떠나는 날이었다. 일찍 일어나 표정부터 살폈다. 밤새 잠을 이루지 못한 듯 피곤해 보였다. 책을 읽었다기에 몇 권 가져도 된다고 했더니 무척 좋아했다. 나는 아침밥을 먹여 보내려고 새벽부터 부산을 떨었건만 저들은 먹는 둥 마는 둥 짐을 챙겨 나섰다.

모두 작별인사를 하느라 웅성댔다. 연신 눈물을 훔치는 쪽은 보내는 사람들이었다. 험한 세상에 자식을 내보내는 어미의 심정이 그만할까. 나 또한 눈물을 제어할 수 없어 애를 먹었다.

한동안 그들은 가슴 한켠에 자리했다. 적응은 잘하고 있는지 마음이 쓰였다. 한편으로는 스스로 선택한 현실이니 어떤 고통도 장애물도 뛰어넘을 수 있으리라 믿었다. 내가 할 수 있는 일이란 그저 그들의 소망이 이뤄지기를, 당당하게 살 수 있기를 기도할 뿐. 어디서든 바람에 흔들리고 스러져도 아름답게 피는 들꽃처럼 꿋꿋하게 살았으면 싶다.

나의 가을

가을 풍경은 나날이 새로운 감동이다. 가로수 은행잎이 물들고 밭둑에는 누런 호박이 똬리를 틀고 있다. 채마밭 김장용 배추와 무의 몸집도 나날이 부푼다. 담 밖으로 내민 대봉감이 제법 불그스름하다. 언덕배기 구절초가 하얀 망울을 터트리고 여러 빛깔의 코스모스가 바람에 하늘거린다.

한여름 길섶을 노랗게 물들이던 금계국 몇 송이가 아직도 자태를 뽐내고 있다. 여름 끝자락을 놓지 않으려는 모양새, 가을 햇살에 그 빛이 더욱 강렬하다. 계절의 흐름에 순응해야 하거늘 무슨 미련이 남아 버티고 있는 것일까. 어쩌면 떠날 수 없는 나름의 사연이 있을지도.

천마산 자락, 밤나무 아래 사람이 더러 보인다. 며칠 전만

해도 새벽부터 막대기로 밤송이를 털고 알밤을 줍느라 여념이 없었는데 쉬엄쉬엄 풀숲을 헤집는다.

고향 뒷산에도 밤나무가 많았다. 그때나 지금이나 나는 사람들 틈에 억척스럽게 끼지 못한다. 그렇다고 밤이 싫은 것은 결코 아니다. 밤꽃이 피면 풋밤 생각이 나고 밤송이만 봐도 입안 가득 군침이 돈다. 알밤이 떨어지면 몇 개라도 주워 생밤을 깨물며 가을 한 귀퉁이를 음미한다.

산발치를 가로지른 길은 잠시도 눈을 떼지 못한다. 자칫 돌부리, 나무뿌리에 걸려 넘어지기 십상이다. 항상 조심하지만 정강이의 상처는 가실 날이 없다. 경사가 완만한 길로 접어들면 상수리나무 군락이다. 무성한 나무들이 터널을 이루고 있다. 몇몇이 도토리를 줍느라 손놀림이 분주하다. 나도 몇 개씩 주워 그들의 자루에 보태곤 하다 한 열흘 내 주머니를 채웠더니 제법 양이 되었다.

이참에 묵을 쑤어 보기로 작정했다. 처음이라 귀동냥을 했다. 껍질을 벗겨 떫은맛을 우려내고 빻아서 걸러 앙금을 내는 일이 여간 아니었다. 거의 일주일이나 걸렸지만 첫 작품을 가까운 이들과 나눠 먹으니 이 또한 가을의 새로운 맛인 듯싶다.

천마산은 장애인도 다닐 만큼 숲속 길을 잘 조성해 놓아 자연스레 공원이 되었다. 군데군데 통나무 벤치가 있어 잠시 앉아 숨을 고르기에 맞춤하다. 정상까지는 이백여 개의 가파른 계단을 올라야 한다. 땀이 나고 숨이 차지만 쉬지 않는다. 오르지 않는다고 누가 뭐랄까. 하지만 정상에 서면 더없이 뿌듯하다. 올라온 길이 숨 가쁘게 살아온 삶의 여정인 듯싶다. 돌아볼 수 있고 걸을 수 있어 얼마나 감사한가. 내려오는 길은 한결 수월하다. 경사도 완만하고 걷기 좋게 길을 만들어놓아 주변을 감상할 수 있어 마음까지 넉넉해진다.

가을이 바짝 다가온 듯싶다. 사철 푸른 소나무에서 누런 솔잎이 떨어지고 바람결에 가을 냄새가 묻어있다. 한층 높아진 하늘을 바라보며 상념에 젖는다. 같은 산을 오르내린 지 사십여 년, 그동안 산세도 나도 많이 변했다. 볼품없던 민둥산이 숲을 이루었고 향상된 삶의 질에 걸맞은 환경으로 탈바꿈했다. 언제라도 편하게 쉴 수 있고 사색할 수 있는 분위기다. 나 또한 큰 변화는 모양새가 아닐까. 지금의 모습이 되기까지 살필 겨를도 없었고 내가 걷는 길이 평탄한지 굴곡진지도 몰랐다. 산에서도 그저 오르내리기에만 급급했다. 어디서고 일상에 쫓기듯 살아온 듯하다.

이즈음 들어 가을의 감성이 새삼스러운 건 왜일까. 아쉬움일까. 다가올 가을에 대한 기대감일까. 지나간 나의 가을 속에는 사랑과 이별도 있었고, 상처로 가슴앓이도 했다. 더러는 갈 수 없는 길 앞에서 좌절했고, 슬픔에 젖기도 했다. 어쩌면 그 가을은 신기루였지 싶다.

슬슬 나의 가을 채비를 해야겠다. 허둥대지도, 못다 한 것에 연연하지도, 후회하거나 슬퍼하지 않으리라. 거울 앞에 서서 바람에 흩어진 머리를 매만지듯 담담하기를, 미당의 '이제는 돌아와 거울 앞에 선 내 누님같이 생긴 꽃' 그 시구처럼 달관할 수 있기를 기도하리라.

산에서 내려오다 멈추고 뒤를 돌아본다. 가을빛에 물든 산세가 참 곱다. 언제까지 이 계절의 정취를 한껏 호흡하고 싶다.

꼬리표

평소 단전호흡에 관심이 있었다. 건강과 정신수양에 도움이 된다고 해서였다. 흔히들 호흡만 잘해도 질병을 치유할 수 있다고 하지 않던가. 마침 늘 해오던 일을 접고 무료하던 차에 주민센터 프로그램인 단전호흡을 신청했다. 머뭇머뭇 문을 열고 들어서는데 이십여 명의 시선이 내게로 꽂히는 듯했다. 얼핏 보니 낯익은 얼굴들이 대부분이었다.

나는 강사가 하는 대로 따라 하면 되려니 했다. 그런데 몸이 거부감을 일으키는 게 아닌가. 육십여 년을 전혀 해본 적 없는 동작들이었다. 잠자던 근육이 놀란 것일까. 허둥대다 종료 벨소리에 안도의 숨을 내쉬었다. 겨우 마음을 가다듬고 숨을 고르는데 한 회원이 다가왔다.

"얌전한 분이 웬일로 여기를 다 오셨어요?"

뭐라 대답은 해야 할 텐데 그냥 웃고 말았다.

집으로 돌아오는 내내 생각이 꼬리를 이었다. 그는 왜 내게 그런 말을 했을까. 허둥대는 모습을 보고 그랬나. 어쩌면 인사치레일 수도 있으련만 공연히 신경이 쓰였다. 가능하면 사람들 눈에 띄지 않으려고 조용히 드나들었다. 차츰 편해지리라 여겼는데 그게 아니었다. 다른 사람들의 숙련된 동작을 보면 저절로 주눅이 들곤 했다. 뻣뻣하고 우스꽝스러운 내 모습을 훔쳐보지는 않을까. '누구의 아내'라는 꼬리표가 드러나지 않을까 의식하지 않을 수 없었다.

우리 부부는 결혼하면서 함께 작은 사업을 꾸려왔다. 그러다 남편이 의회 활동을 하고부터 혼자 오롯이 떠맡았다. 생업 또한 내가 감당할 몫이었다. 눈만 뜨면 일에 파묻혀 다른 것은 생각할 겨를이 없었다. 전업주부 또한 먼 얘기였다. 남편 역시 매일 시간에 쫓기는 생활이라 집과 가족은 아예 신경을 쓰지 못했다. 그는 그대로 나는 나대로 그저 열심히 앞만 보고 살았던 게다.

그런데 나도 모르는 사이에 꼬리표 하나가 달려 있었다. '누구의 아내로' 나는 수시로 매무새를 살펴야 했다. 모임은 물론 동네시장을 가도 옷은 흐트러지지 않았는지, 혹여 말실수는 없었는지. 가뜩이나 바쁜 일상사에 마음까지 쓰다 보니 저절로 움츠려들곤 했다. '나'라는 존재가 마치 투명인간이 된 듯했다. 그래도 당연한 듯 그의 그림자에 묻혀 별 불평 없이 그게 내 자리라 여겼다.

어느 결에 삶에 변화가 왔다. 따라서 우리 부부는 각자 손에서 일을 놓게 되었다. 항상 꽉 차 있던 욕망과 명예, 생업을 위한 분투가 빠져나간 자리는 휑하다 못해 허탈감마저 들었다. 하루하루가 무기력한 가운데 그저 멍하니 지냈다. 그도, 나도.

차츰 내게 달린 꼬리표도 퇴색된 듯했다. 내가 원해서도, 그가 시킨 것도 아닌 그게 무슨 의미가 있을까. 오롯이 내가 되고자 홀가분한 마음으로 단전호흡을 시작했는데 6개월을 버틴 게 고작이었다.

천천히 숨 고르기를 했다. 나를 위한 게 뭔지, 하고 싶은 게 무엇인지 짚어봤다. 꿈속에서나 그려 보았던 몇몇 나라의 여행과 가슴에 묻어두었던 문학 수업, 깊이 있는 불교 공부와 봉사, 많은 것들이 떠올랐다. 내 심연에 그토록 많은 욕구가 가라앉아 있을 줄은 몰랐다.

이즈음 차곡차곡 채워지고 있다. 이제는 설사 내가 원한다 해도 꼬리표는 달 수 없으리라. 뭔가 씁쓸한 감이 드는 걸 보면 지난날이 그리 나쁘지만은 않았나 보다.

지금의 우리 부부는 누구를 위한 삶이 아닌 오랜 친구로, 같은 곳을 바라보는 동반자로, 모난 얘기까지 웃어넘기는 편한 관계가 되었다. 오늘도 여느 날처럼 함께 아침 산책길에 나섰다. 앞서거니 뒤서거니 하면서.

남길 것과 비울 것

봄 내내 박경리의 『토지』를 손에 들고 지냈다. 일제강점기 시대적배경은 물론 등장인물들이 겪는 억압과 애환, 애절한 사랑을 어쩌면 그토록 실감나게 묘사할 수 있는지, 꽃이 피고 지는지도 모르고 작품 세계로 빠져들었다.

긴 집필 기간만큼이나 공간적 배경도 넓게 펼쳐진다. 하동 악양의 평사리에서 지리산, 진주, 경성, 일본, 간도에서 수백 명의 인물이 등장하고 사라진다. 죽음을 묘사한 방식 또한 다양하다. 배곯아서, 전염병으로, 억울하게 끌려가서, 간담이 서늘하도록 참혹하다.

진작부터 토지를 꼭 읽어야 할 숙제로 여겼지만, 워낙 분량이 많아 엄두를 내지 못했다. 게다가 이십오 년을 집필한 대작이라니 중압감이 더했다. 하지만 글을 쓴다면서 왠지 도리가 아닌 듯했다. 누가 강요한 것은 아니지만 마음가짐이 그랬다. 마침 친한 문우의 채근도 있어 결심했다.

그런데 첫 페이지를 열면서 부담은 온데간데없었다. 어느 결에 일상처럼 스며들었다. 무엇보다 작품 전편에 녹아 있는 경상도 사투리에 정감이 갔다. 배경 또한 내가 태어나고 자란 곳이 근방이라 더 실감이 났다. 최참판댁을 둘러싼 가난한 농민들의 삶과 애환, 나라를 빼앗기고 방황하는 지식인들의 고뇌와 절망까지 공감이 됐다.

파란만장한 삶 속에도 꿋꿋이 가문을 지키는 주인공 서희, 신분 차이로 반대하는 양반들의 뭇시선과 모멸 속에서도 하인인 길상이와 가정을 이룬다. 그 둘의 혼인은 작가가 바라던 세상을 그린 것은 아닌지. 박경리 선생의 이미지와 겹쳐졌다. 최씨 가문의 비극과 몰락은 차치하고 서희 어머니인 별당아씨와 구천이의 사랑은 얼마나 애틋하고 서정적인가.

병든 별당아씨가 산속 움막에서 봄 햇살을 바라보며 사랑하는 구천이에게 중얼거린다.

"곧 진달래가 피겠지요. 진달래가 피면 당신에게 화전을 부쳐드리고 싶어요."

끝내 꽃전을 지지지 못한 별당아씨를 산에 묻은 구천이가 되뇌던 말이 가장 아름다운 시로 기억된다. 그런 애절한 사랑 이야기가 있기에 대하소설임에도 지루하지 않고 읽는 재미가 쏠쏠했다. 그 또한 선생의 탁월한 문장력 때문이리라.

1945년 8월 15일 새벽 두 시, 드디어 대단원의 막을 내렸다. 일본이 항복했다는 소식에 서희는 자신을 휘감은 무거운 사슬이 끊어짐을 느낀다. 마치 내가 그 자리에 있는 듯 온몸에 소름이 돋았다. 토지 끝맺음에 만세를 부르며 너울너울 춤춘 사람은 작가 자신이었으리라.

모진 세월을 버틸 수 있게 한 것은 책상, 원고지, 펜이었다는 박경리 선생, 그는 행복했다면 문학을 하지 않았을 거라고 했다. 문학은 불행의 편이며 끊임없는 단련이라고. 토지를 연재하면서 유방암 수술을 받고 보름 후 퇴원한 날부터 가슴에 붕대를 감고 원고를 썼다. '마치 주술에 걸린 죄인처럼 창작 행위를 하는 자신이 무서웠노라'고 고백했다. 그 글을 보는 순간 전율이 일었다. 여장부니 문학계의 거목이라는 수식어는 그저 따라다닐 수 없을 터. 피나는 노력과 올곧은 삶의 철학이 있었기에 가능했으리라.

여름 초입에 작가의 체취가 배어있는 원주 토지문학관을 찾았다. 소설을 읽지 않았을 때와 느낌이 사뭇 달랐다. 그때는 수박 겉핥기 하듯 둘러봤는데 작품을 완독한 직후여서인지,

선생의 손때 묻은 흔적들과 글귀들이 깊은 울림으로 다가왔다. 한 발짝 한 발짝이 가볍지 않았다. 그중 한 글귀가 나를 멈추게 했다.

'모진 세월 가고 아아 편안하다. 늙어서 이리 편안한 것을, 버리고 갈 것만 남아서 참 홀가분하다.'

선생의 시「옛날의 그 집」마지막 단락이다. 콧등이 시큰했다. 그 시를 읽고 또 읽었다. 삶도 창작도 후회 없이 펼친 그만이 할 수 있는 역설적인 표현이지 싶다. 어떻게 버릴 것만 남았다고 할 수 있는가, 그가 이룬 빛나는 업적과 흔적들이 곳곳에 많이 남아있는데.

그렇다면 지금 내가 중히 여기며 끌어안고 있는 것들이 무슨 의미가 있을까. 선생처럼 높은 경지에 이르지 못할지라도 자신을 향한 일침은 필요하리라. 삶의 성찰과 문학에 대한 열정이 글을 쓰는 것보다 앞서야 하리. 이제라도 선생의 어록들을 나 스스로 채찍질하는 죽비로 삼아야겠다.

『토지』 스물한 권을 들고 있던 손이 허전하다. 지금도 소설 속 인물들이 시야에 살아있고 아름다운 토속어와 빛나는 어휘들이 뇌리를 맴돌고 있다.

덕수궁 이야기

덕수궁은 원래 월산대군의 사저였다. 임진왜란 때 피난길에서 돌아온 선조가 궁궐이 소실되어 머물게 되었다. 선조 승하 후 광해군이 창덕궁으로 옮겨가면서 경운궁이라 불렀다. 그리고 아관파천 후 고종이 그곳에서 대한제국을 선포했으나 일본에게 강제로 폐위 당했다. 왕위를 물러 받은 순종이 아버지의 무병장수를 비는 뜻에서 덕수(德壽)라는 궁호를 올린 그대로 덕수궁이라 부른다고 한다.

언제부터인가 덕수궁하면 고즈넉한 풍경, 가슴 저린 이별을 말하곤 한다. 그렇다고 내가 사연이 있는 것은 아니다. 그런데 올해는 누가 불러내기라도 하듯 세 번이나 찾았다. 마치 가을 앓이를 한 것처럼.

첫날은 전각과 어우러진 고혹적인 단풍을 바라보느라 오로지 시선이 나무에만 꽂혔다. 그저 곱다, 아름답다, 어떤 화가가 이토록 아름다운 그림을 그릴 수 있을까, 감탄사만 내뱉고 돌아왔다.

아쉬움이 남아 일주일 후 다시 찾아갔다. 느긋하게 감상도 하고 덕수궁의 진면목을 살피리라. 등나무 벤치에 앉으니 화강석 석조전이 맞은편에 있었다. 그 유럽풍의 궁궐이 돋보이게 분수 바닥을 파랗게 칠했다고 한다. 배롱나무와 마로니에는 대한제국의 영욕을 지켜봤으리라. 우리나라 최초의 서양식 건축물과 고궁의 전각, 도심의 빌딩이 한눈에 들어왔다. 그래서 덕수궁을 전근대와 현대가 공존하는 곳이라 하는 것일까.

황제의 침전이었던 함녕전(咸寧殿)을 기웃댔다. 과연 그 이름처럼 고종은 편안했을까. 졸지에 명성황후를 잃고 어떤 심정으로 살았을까. 나라를 빼앗긴 통분은 또 얼마나 컸을까. 마침 '몽유원림'의 필름이 돌아가고 있었다. 일제의 감시 속에 꿈이 좌절된 고종의 외로움을 그린 애니메이션 작품이었다. 슬픈 영화를 보는 듯 가슴이 저릿했다.

함녕전 뒤뜰을 산책했다. 야트막한 언덕, 소나무에 둘러싸인 이색적인 건물은 정관헌(靜觀軒)이었다. 고종의 전용 카페였다고 한다. 발코니의 장식이 화려하고 독특했다. 서양풍의 건축양식에 전통 목조요소를 가미했다. 과연 이름대로 고요히 내다보며 상념에 젖을 만했다.

싸리나무 무리가 발목을 잡았다. 축 처진 줄기마다 손톱만 한 노란 잎사귀가 다복했다. 그 품새를 보자 싸리나무가 지천인 고향이 떠올랐다. 새순은 따서 나물로 먹고 채반과 빗자루를 만들고 울타리도 쳤다. 그만큼 우리네 삶과 가까운 나무를 황실 정원에 심은 것은 무슨 의미가 있는 것일까. 혹여 조선 황실의 애민정신과 같은 맥락이 아닐까 싶다. 키 작은 꽃나무들은 제철이 아닌 양 다소곳하고 주목, 백송, 소나무, 벚나무, 회화나무, 은행나무가 듬직하게 숲을 이루었다. 도심의 먼지와 소음에서 벗어나 산책을 하거나 사계의 풍경을 감상해도 좋을 성싶다.

정문 쪽으로 나오는데 담장 밑 연못이 예쁘장했다. 어리연꽃이 가득한 연못 가운데 동그란 섬과 소나무가 운치를 더했다. 연지 이름을 알아보니 '경운지'였다. 덕수궁의 옛 이름, 경운궁에서 유래한 것인가 보다.

파란 하늘에 구름 한 점 없는 만추의 덕수궁을 세 번째 찾았다. 입구에 늘어선 은행나무들이 마치 어가를 따르는 행렬 같았다. 주목 두 그루는 언제부터 그 자리를 지켰을까. '살아서 천년, 죽어서 천년'이라더니 삶과 죽음을 초월한 듯 의연해 보였다.

'덕수궁 프로젝트 2021, 상상의 정원' 작품전이 열리고 있었다. 올해가 네 번째라고 한다. 윤석남 작가의 「천구백삼십년 어느 봄날」은 집안에 갇혀 살던 조선 여인들이 거리로 나온 모습을 폐목(廢木)으로 선보였다. 곱고 밝은 한복차림에 콧날이 오뚝한 서구적 얼굴 윤곽이 인상적이었다.

선조가 승하할 때까지 거처한 석어당은 덕수궁의 유일한 복층 건물이며 단청이 없는 전각이다. 황수로의 「홍도화」를 전시했다. 일제강점기에 맥이 끊어진 궁중채화(造花)문화를 재현한 거란다. 궁궐에 꽃이 지천이어도 왕조의 불멸을 염원하며 조화를 의례나 향연에 사용했다고 한다. 뿌리째 누워있는 큰 나무에 마치 생명을 불어넣은 듯 꽃이 붉고 화려했다. 벌과 나비, 사색하는 학과 새들이 금방이라도 날갯짓을 할 듯 정교했다. 하나하나 손으로 빚은 정성에 저절로 탄성이 나왔다.

식물학자 신혜우 작가는 '대한제국 황실 전속식물학자가 있었다면'하는 상상에서 덕수궁의 모든 식물을 채집하여 글과 그림, 표본으로 구성했다. 어릴 때 방학 숙제로 식물채집을 했던 터라 정감 있고 흥미로웠다. 그 외 덕수궁과 관련된 가든 카펫, 구곡소요, 총 아홉 개 작품이 각각 펼쳐져 있었다.

전각도 개방했다. 소박하고 고풍스러운 장롱과 장식장, 돗자리 등 살림살이를 접하면서 조선시대 생활상을 그려 보았다.

덕수궁을 나오니 가을이 포도 위에 내려앉아 있었다. 낙엽을 밟으며 돌담길을 걷노라니 '고종의 길'이라는 작은 안내문이 있었다. 을미사변 후, 신변에 위협을 느낀 고종이 경복궁을 떠나 러시아 공사관으로 피신했던 길이다. 얼마나 비통했을까. 격동의 시대, 근대국가를 이루고자 했으나 일본에게 강제로 국권을 빼앗긴 고종, 그 후 기미년 삼월, 그의 죽음이 삼일운동의 기폭제가 되었던 역사의 뒤안길이기도 하다.

나는 잠시 멈추어 뒤를 돌아봤다. 슬픈 역사의 그림자가 길게 드리워진 듯했다. 언제고 덕수궁을 찾을 때면 잊히지 않을 감회이리라.

살맛 나는 세상

기다리던 버스가 왔다. 지인과 얘기에 빠져 있다가 허겁지겁 올라탔다. 그런데 버스가 출발하자 뭔가 허전했다. 아뿔싸! 쇼핑백을 들고 있었는데 두고 온 게 아닌가. 모임에서 받은 선물이었다. 바로 다음 정류장에서 내렸다. 되돌아 내가 앉았던 자리에 도착하기까지 십분 남짓, 그 사이에 쇼핑백이 사라진 것이다. 이럴 수가, 선물을 챙겨준 분의 정성을 아는 터라 여간 미안하고 속이 상한 게 아니었다. 한참을 그 자리에 서서 주변을 살폈지만 소용없었다. 포장이 얌전해서 누가 봐도 버리는 물건은 아닌 줄 알 텐데 분명 마음먹고 가지고간 듯싶었다.

얼마 후 저녁 무렵, 남편이 누가 호박을 다 따갔다며 몹시

언짢아했다. 지난봄에 양봉장 주변에 호박 모종 여남은 포기를 사다 심었다. 벌통 옆이라 수정이 잘 되어 당연히 많이 열릴 줄 알았다. 그런데 여름 내내 애호박 대여섯 개 따먹은 게 고작이었다. 귀하게 여겨서인지 흔히 사서 먹는 호박과는 비교가 안 될 만큼 맛있었다. 노랗게 익으면 죽을 쑤어먹을 요량으로 두 개는 따지 않고 두었다.

가을이 되자 똬리를 틀고 앉은 호박이 제법 노르스름했다. 좀 더 익기를 눈여겨보고 있었는데 밤사이에 두 개가 다 없어진 것이다. 한 개라도 남겨 두었으면 덜 서운할 텐데. 참으로 고약한 인심이 아닌가. 갈 때마다 그 자리에 있던 누런 호박이 눈에 밟혔다. 죽도 맛있으리라 상상을 하곤 했었는데.

음지가 있으면 양지도 있는 법, 훈훈한 일 또한 없지 않았다. 좌석버스를 탔는데 카드가 보이지 않았다. 주머니와 가방 속을 다 뒤져도 없고 버스는 이미 출발했으니 여간 낭패가 아니었다. 자리에 앉지도 못한 채 운전기사에게 자초지종을 털어놓았다. 그는 이미 눈치를 챈 듯 말했다.

"제가 돈을 빌려드릴게요."

처음엔 무슨 뜻인지 몰랐다. 그에게 받은 오천 원을 요금통에 넣었더니 거스름돈까지 챙겨주는 게 아닌가. 그걸 어떻게 받겠는가. 되돌려 주려는데 혹시 필요할 수 있으니 갖고 있으란다. 할 말을 잃을 정도로 배려심까지 따랐다.

꼭 갚고 싶어서 그의 인상을 단단히 새겼다. 중년의 여기사로 얼굴이 갸름하고 키도 훤칠했다. 그는 차에서 내리는 손님마다 깍듯이 인사를 했다.

"감사합니다."

기사와 승객의 오가는 인사말이 여운으로 이어진 마음 따뜻한 날이었다.

수락산 기슭에 있는 의류가게에서 머플러를 샀다. 바로 집으로 돌아와 별생각 없이 하루를 보냈다. 이튿날 지갑을 아무리 찾아도 없었다. 수시로 도지는 건망증 탓이었다. 시간을 거슬러 곰곰이 짚어가다 의류가게에서 멈췄다. 머플러 값을 치르고 지갑을 두고 온 것이리라. 하지만 일부러 찾아가기에는 거리도 멀거니와 딱히 있으리라는 확신도 없었다. 돌려줄 사람이면 보관해 두겠지, 설사 없다고 한들 할 말이 없을 터. 한 달에 한 번 그 근처를 가니 들러 보리라 했다.

드디어 엊그제 그 옷가게를 지나게 되었다. 주뼛주뼛하다가 혹시나 하고 용기를 냈다.

"저 한 달 전에 지갑을 두고 갔어요."

주인은 기다렸다는 듯 색깔과 크기를 묻더니 선뜻 내놓았다. 주소를 몰라 보내드리지 못했다는 말 속에 진심이 느껴졌다. 사실 그 지갑 속에는 칠만 원이 들어있었다. 열어보니 그대로였다. 많든 적든 견물생심이라고 한 달이나 보관한다는 게 어디 쉬운 일인가. 기대하지 않아서인지, 횡재라도 한 듯했다. 답례를 해야 할 것 같아 일부를 주인 손에 쥐여 주었다. 극구 사양했지만 그렇게라도 하고 돌아서니 마음이 가볍고 기쁨 또한 배가 되었다.

삼십여 년 젓갈류를 파는 동네 가게에서였다. 단골로 다니는 터라 오갈 때면 서로 인사를 주고받는다. 그날따라 꼭 필요한 게 있었는데 하필 돈이 없었다. 망설이다 주인과 눈이 마주치자 얼결에 말이 튀어나왔다.

"새우젓을 사야 하는데 돈이 없어요."

"없으면 그냥 드려야지요."

농담인 줄 알았는데 듬뿍 담아주는 게 아닌가. 가격을 물어도 그저 빙긋이 웃기만 했다. 이튿날 값을 치르려고 갔으나 한사코 거절했다. 이제껏 그런 적이 없었기에 내 깜냥대로 가격을 매겨 손에 쥐여 주며 말했다.

"제 마음은 새우젓 값 열 배, 백배로 따뜻했습니다."

평소 그는 상술도 없거니와 난로 하나로 겨울을 나곤 한다. 항상 어깨를 웅크리고 앉아 가게를 지키고 있다. 그러려니 했는데 그 일이 있고부터 아무래도 가게 앞을 지날 때면 눈길이 더 갔다. 관심을 두어서인지 뒷얘기까지 들렸다. 푼푼이 돈을 모아 소외된 곳에 정기적으로 후원한단다. 하마터면 사람을 겉만 보고 판단하는 우를 범할 뻔하지 않았는가.

때로는 사는 게 힘들고 각박하다고 느낄 때가 있다. 내게 닥친 고통까지도 세상 탓으로 돌리곤 했다. 결코 생각이 짧고 옹졸했던 것이리라. 마음을 열고 보면 고맙고 따뜻한 사람들이 얼마나 많은가. 그들과 함께라면 나 또한 살맛나는 세상을 엮어갈 수 있으리라.

반가사유상

반가사유상은 인생의 번뇌 속에 잠긴 석가모니의 출가 전 자태를 표현한 것이라고 한다. 이런 유형의 불상은 3세기경 불교의 본고장인 인도에서 처음 등장했다. 중국을 거쳐 우리나라에 들어온 것은 삼국시대였다. 육칠 세기 한국인의 손으로 세계에서 손꼽는 세련미의 절정을 이루었다고 한다.

반가의 자세로 다소곳이 숙인 얼굴을 오른손 끝으로 살짝 괸 채, 깊은 사유에 잠긴 형상(形像)이다. 입가에 번지는 담담한 미소가 자애롭기 그지없다. 고뇌하기보다 해탈에 이른 성자의 모습이다. 흔히 '모나리자'의 미소와 로댕의 '생각하는 사람'과 견준다. 하지만 반가사유상의 절제된 미소와 자태는 분위기가 사뭇 다르다. 오묘하면서도 깊고 맑은 붓다의 미덕을 표현했다. 고요히 마주하는 것만으로 마음이 편안해진다.

십여 년 전 리움미술관에서 우연히 반가사유상을 만났다. 한 뼘 됨직한 크기에 오른손이 떨어져 나간 볼품없는 작품이었다. 게다가 녹이 슬어 아무 감흥도 없었다. 그런데 알고 보니 출토지가 확실한 고구려 유물로 귀중한 국보 제118호였다. 한 골동품점 주인이 일제강점기에 '좋은 세상이 오면 국보가 될 거라'고 아궁이와 장독 밑을 파서 숨겨가며 공포에 시달렸다고 한다. 그의 말년에 이병철 회장에게 양도한 거라니 두 사람의 안목 또한 국보급이 아닌가.

지난 연말 국립박물관 '사유의 방' 개관 뉴스를 듣게 되었다. 우리나라 국보 반가사유상은 전부 세 점인데 두 점을 더 만날 수 있는 좋은 기회였다. 한 점씩 전시했는데 특별히 두 작품을 선보이는 거란다. '두루 헤아리며 깊은 생각에 잠기는 시간' 입구의 글귀를 지나 어둡고 고요한 복도로 들어섰다. 저만치 빛의 소실점에 두 불상이 자리했다. 다가갈수록 바닥은 미묘하게 높아지고 천장 조명은 밤하늘에 수놓은 한줄기 별빛 같았다.

손만 내밀면 닿을 듯한 불상 앞에 섰다. 드디어 신라 천 년의 미소를 마주한 것이다. 눈부시게 우아하면서도 근엄했다. 한 바퀴 돌며 전체를 바라보는 내내 숨이 멎는 듯했다. 육칠

세기 삼국시대의 걸작 '금동미륵보살 반가사유상'이다. 세상사 힘들 때 누구나 찾아와 영혼까지 치유 받고 간다는 아득히 먼 미래불, 불교 교리에 의하면 석가여래 열반 후 오십육억 칠천만 년 뒤에 출현한다고 한다.

두 점의 반가사유상은 국보 83호와 78호이다. 머리에 쓴 보관이 세 개의 반원으로 이루어진 83호는 탄력 있는 몸매에 상의는 걸치지 않고 단순한 목걸이만 착용했다. 하의의 풍성한 옷 주름이 율동감을 보여준다. 93.5센티미터의 신장은 우리나라 금동미륵반가사유상 중 가장 큰 것으로 일본 교토(京都) 고류지(廣隆寺) 목조미륵반가사유상과 흡사하다. 그 불상의 시대적 양식과 조각 재료의 원산지가 신라임을 인정하는 일본 학자도 있단다. 정확한 근거는 모를지라도 한국인의 혼이 깃들어 있지 않을까 가늠해 본다.

국보 78호는 화려한 보관을 쓰고 있다. 태양과 초승달, 다양한 장식이 어우러진 모양새다. 밖으로 휘어져 올라간 날개옷 또한 인상적이다. 사람이 입는 옷이 아닌 천상계 불보살이 입는 천의를 뜻한다고 한다. 일본인 고미술상 주인이 조선총독부에 기증하여 총독부박물관에서 보관해 오다 광복 후 한국에 남았단다. 국보 83호, 78호 모두 예술적 완성도와 숭고미는 세계 반가사유상 중 으뜸이라고 한다. 참으로 자랑스럽지 않은가. 선조들의 수준 높은 안목과 예지가 있었기에 우리가 이처럼 아름답고 견고한 유물을 감상할 수 있는 것이리라.

수많은 사람이 사유의 방을 찾았고 다양한 색채의 반가사유상 미니어처 상품들이 출시되어 반응이 뜨거웠다고 한다. 나도 한 점 소장하고 싶은 욕구가 일었다. 틈나는 대로 골동품과 불교용품점을 기웃거렸지만 마땅치 않았다. 마음에 들면 가격대가 만만치 않고 아니면 눈에 차지 않았다.

발품을 팔던 어느 날 청동 반가사유상 한 점이 눈에 쏙 들어왔다. 형상은 국보 83호요, 키는 17.5센티미터인 118호를 꼭 빼닮았다. 그윽한 눈매와 엷은 미소는 볼수록 오묘하기 그지없다. 고뇌하는 모습인가 하면 깊은 명상에 잠긴 듯싶고 미소 짓는가 하면 그저 자비로운 모습이다. 누가 빚었는지, 이름 모를 소조 장인이 존경스럽고 고맙다.

나라에 국보가 있듯 청동 반가사유상은 나의 보물 1호가 되었다. 하루에도 몇 번씩 그 앞에 서곤 한다. 온화한 미소를 마주하면 심란하고 우울하다가도 어느결에 마음이 편해진다. 그게 내가 소장하는 이유일지도.

시간이 갈수록 사유의 의미는 깊이를 더해만 간다.

청도 반시

씨 없는 반시(盤柿)는 내 고향 청도의 명물이다. 반시는 청도에서 생산되는 동글납작한 감이다. 청도 반시는 당도가 높고 수분함량이 많아 홍시로 인기가 있다. 무엇보다 씨가 없는 것이 특징이다. 씨가 생기지 않는 것은 개화 시기에 안개가 많은 기후조건도 있지만 긴 세월을 재배해 오면서 우수한 품종으로 개량한 까닭이다. 주변에 수꽃이 피는 다른 품종의 감나무가 적은 것도 한 원인이리라.

조선시대 평해 군수였던 '박호'가 귀향 때 가져온 감나무 가지를 고욤나무에 접목했는데 씨 없는 반시가 열렸다고 한다. 청도 반시 대부분 그 시조 목에서 퍼져나간 거란다. 수필가이자 평론가인 박양근은 그의 작품에 청도 반시를 묘사했다.

감나무가 주민들보다 몇십 배는 많은 동네다. 땡감을 먹다가 앞니가 빠지고 홍시물이 소매에 떨어지고 검붉은 감잎 단풍이 겨울바람에 떨어지는….

– 「청도 반시」 중에서

그랬다. 청도는 감나무가 많아 가을이면 마을이 온통 감빛으로 물들었다. 청도 사람이면 떫은 땡감 맛을 모르지 않을 듯싶다. 내남없이 배고팠던 시절 감이 익기까지 기다리지 못했던 게다. 지금도 검붉은 감잎 단풍이 툭툭 떨어지는 소리가 들리는 듯하다.

청도 반시는 '신 활력 사업 선정'을 통해 산업화했다. 홍시는 물론 얼린 홍시, 반건시, 감말랭이, 감식초, 감 와인 등 다양한 상품을 개발했다. 페터널을 활용하여 숙성한 감 와인은 우리 정서에 맞는 가장 한국적인 것으로 정평이 나 있다. APEC 정상회담 만찬주로, 대통령 취임식 건배주로 선정되기도 했다. 반시가 특산품으로 수출에 이르기까지 지역 경제의 든든한 주체가 되고 있다.

감꼭지는 우리 집 상비약이 된 지 오래다. 남편은 한 번 딸꾹질하면 쉬 멈추지 않는다. 옆에서 지켜보는 나 역시 여간 힘든 게 아니다. 감꼭지 차가 효험이 있다고 해서 푹 달여 서너 번 마시게 했더니 멎었다. 그 외에도 감꼭지 차는 기침과 천식, 호흡기질환에도 도움이 된다고 한다.

청도 운문사로 가다 보면 감나무 가로수가 줄지어 서 있다. 언제 봐도 반갑고 정겨운 풍경이다. 고향을 갈 때면 일부러라도 그 길을 걷곤 한다. 물안개가 멋진 호수를 바라보노라면 그 속에 고향을 묻은 허전함이 그나마 위안이 된다. 늘 허허롭고 원망스럽기만 했는데, 세월 따라 감정도 무디어지나 보다.

내가 어렸을 때 우리 마을의 감나무는 곶감용 찰감이 대부분이었다. 처마 밑에 매달아 놓은 빨간 곶감은 풍성한 가을 풍경 중 하나였다. 그때도 친정집 마당에는 반시나무 한 그루가 터줏대감처럼 버티고 있었다. 짐작하건대 집과 감나무의 나이가 같았지 싶다. 아버지의 정성을 감지한 것일까. 보은이라도 하듯 탐스러운 감이 해거름도 없이 많이 열렸다. 가을이면 감 장수들이 눈독을 들일 정도였다, 값을 더 쳐줄 테니 나무째로 팔라고까지 했다. 하지만 아버지는 끄떡도 하지 않았다. 누가 뭐래도 마당의 감나무는 가족과 같았고 감은 허기를 채워준 먹거리였다. 하얀 감꽃을 주워 먹고 땅에 떨어진 풋감은 삭혀서 먹었다. 벌레 먹은 홍시는 물론 떫은맛만 가시면 다람쥐처럼 나무 위로 올라가 고픈 배를 채우곤 했다. 그 정서가 따뜻한 온기로 남아 있는 건 추억이 서려 있기 때문이리라.

무서리 맞은 생감 맛은 오묘하다. 뚝 따서 한입 베어 물면 아삭하고 달콤한 과즙이 입안에 가득하다. 그 은근한 맛과 향을 잊지 못해서일까. 나에게 반시는 고향이자 그리움이다. 겨우내 장독에서 꺼내 먹는 홍시 맛은 또 어떤가. 따끈한 아랫목에 앉아 오손도손 즐겨 먹었던 가족들의 모습이 눈에 선하다.

나는 기쁠 때나 슬플 때, 화가 날 때도 감나무에 올라갔다. 새처럼 어디든 날아가고 싶었고 날 수 있을 것 같았다. 하늘나라에 계신 어머니도 만날 수 있지 않을까 하는 상상을 하곤 했다. 그래서인지, 나무를 꼭 껴안고 있으면 어미니 품에 안긴 듯 포근했다. 마당에 감나무가 없었다면 내 유년은 삭막했으리라. 그토록 추억을 담뿍 담고 있는 반시나무를 마지막 본 게 언제였더라.

30여 년 전, 친정집을 포함한 청도군 운문면 아홉 마을이 수몰되었다. '상수도 전용댐'이라는 이름으로. 고향의 수몰은 오랫동안 내 삶의 한 부분이 뭉텅 잘려나간 듯한 쓰라림이었다.

가을이 깊어가는 이맘때면 어김없이 반시가 눈앞에 어른거린다. 연이어 기억들이 그림자처럼 따른다. 하지만 세월과 함께 그리움도 점점 퇴색되는 듯싶다. 언제까지 사라진 고향에 연연할 수만 없으리라. 그저 청도가 더 발전하고 반시 또한 더 유명해지기를 바라는 마음이다.

그래도 감이 익어 붉게 물든 마을 풍경은 뇌리에서 지워지지 않을 것이다.

4.

마음이 닿는 곳

그리움의 조각들

카네이션을 보면 어릴 적 기억이 떠오른다. 지금은 '어버이날'이지만 예전에는 '어머니날'이라고 했다. 그날은 학교에서 색종이로 카네이션을 만들었다. 모두 빨간 꽃인데 엄마가 없는 나는 흰 꽃을 만들면서 속으로 눈물을 삼키곤 했다. 몰래 교실을 빠져나간 적도 있다. 그때마다 어머니 탓인 양 야속하고 원망스러웠다. 왜 꼭 그래야 했는지 선생님이 시킨 건지는 알 수 없지만 가슴 시린 장면으로 남아있다.

나는 어머니에 대한 기억이 전혀 없다. 뇌리에 남은 영상은 어머니 장례식 날이 전부다. 눈바람이 휘몰아치던 음력 이월이었다. 막냇동생을 등에 업은 할머니와 상복을 입은 오빠 셋이 목 놓아 울었고, 일곱 살짜리 여동생과 나는 슬픔이 뭔지도 모르고 따라 울었다. 그날 열 살 아이에게 추위가 슬픔보다 더 가혹했을까. 지금도 어머니 생각만 하면 한기가 먼저 온몸을 휘감는다.

나는 왜 열 살 전 기억이 통째로 지워졌는지 모르겠다. 심한 충격을 받으면 잊고 싶은 기억이 지워진다고 한다. 어린 가슴에 엄마와의 이별이 얼마나 큰 충격이었을까. 어머니는 복막염으로 오래 입원했으나 악화하여 집으로 돌아왔다고 한다. 숨을 거두는 경각의 순간에도 내 이름을 불렀지만 가까이 가지 않았단다. 보다 못한 아버지가 역정을 낼 정도로. 그 무엇보다 어머니가 어떤 분인지 모른다는 사실이 슬프고 안타깝다. 사진 한 장이라도 있으면 상상이 가미된 것일지라도 기억 저장고에 남아있을 텐데.

성장해서도 어머니의 빈자리는 채워지지 않았다. 어디서고 힘들거나 외로울 때면 어머니의 부재와 연결되곤 했다. 아무리 가난해도 엄마가 있는 집은 부자 같았고, 부러울 게 없을 듯했다. 상대적 박탈감이랄까. 때로는 날밤을 새워가며 숨죽여 울었다. 누가 뭐라거나 기죽이지 않았건만 제풀에 주눅이 들곤 했다.

서른아홉이 되었다. 어머니가 우리 곁을 떠난 나이였다. 내 감정이 다른 급류를 탔다. 원망과 서러움이 공포로 바뀐 것이다. '딸은 엄마를 닮는다'는 옛말이 통증처럼 묵직하게 명치를 눌렀다. 하필 막내아들이 네 살이었다. 어머니가 돌아가실 때도 막냇동생이 네 살 되던 해였다. 삶이 그처럼 절실할 수 없었다. 나도 사 남매의 엄마가 아닌가. 내가 겪은 어두운 터널 속을 상상만 해도 가슴이 미어졌다. 그제야 육남매를 두고 눈을 감았을 어머니의 심정이 어땠을까 가늠이 되었다. 어머니가 아닌 한 여인의 못다 한 삶이 애잔하게 가슴에 와 닿았다. 당신인들 자식 키우는 행복을 누리고 싶지 않았을까. 그런 속내를 헤아리지 못하고 나는 그저 서운하다고만 했다. 그래서 자식은 영원히 이기적이라고 하나 보다.

어느덧 살얼음판 같은 서른아홉을 보낸 지도 삼십여 년이 흘렀다. 사 남매도 잘 자라 제 몫을 하고 있다. 자식들이 깨우침을 준 것 같다. 그 애들이 하는 양을 보면 어머니 생각이 새록새록 사무친다. 먼 훗날 나는 어떤 엄마로 기억될까. 어머니와의 짧은 인연에 나는 또 어떤 딸이었을까. 행여 속을 썩이지는 않았는지, 어떤 기억도 없으니 공허한 물음만 남는다.

얼마 전 우연히 고향 아주머니를 만났다. 어릴 때 내 이름을 '반달'이라고 부른 사람 중 한 분이었다. 무심히 지내다가도 가끔은 궁금했던 터라 기억을 들추어 물어봤다. 반달은 어머니 생전에 입이 닳도록 부른 이름이란다. 그렇다면 어머니의 반달은 어떤 의미일까. 왜 온전한 보름달이 아닌 반달이었을까.

"반달처럼 키울라 캐놓고 고만…."

어머니가 하신 말을 되뇌던 아주머니는 끝내 울음을 터트렸다. 어머니의 못다 한 삶을 안타까워하며.

그 한마디가 사랑 한 자락을 잡은 듯싶다. 내 삶에서 가장 궁색했던 건 어머니 사랑이었다. 그 무엇으로도 채울 수 없는. 아주머니가 그런 나의 결핍을 해소해 준 듯싶다. 반달은 어머니의 소중한 유산이자 이음줄 같은 것이리라.

그 후 반달을 닉네임으로 쓰고 있다. 어머니가 떠나신 지 육십여 년, 그동안 내가 품었던 원망과 야속함, 외로움, 서러움은 모두 그리움의 다른 조각들이었으리라.

사랑의 동아줄

아버지가 사는 집으로 딸이 바쁜 걸음을 한다. 나름대로 무난하게 노후를 보내던 아버지는 딸을 보자 불쑥 손목시계가 없어졌다며 집안을 뒤지고 누군가를 의심한다. 딸은 어딘가 있을 거라며 다독인다. 그리고 아버지를 돌볼 요양보호사를 집으로 들인다.

춤을 추며 기뻐하던 아버지는 이내 자신이 해결할 수 있노라 거부한다. 하지만 딸은 아버지를 설득시킨다. 곧 사랑하는 사람과 멀리 떠나야 한다고. 그러자 유일하게 의지했던 딸에 대한 서운함과 배신감으로 곤혹스러워한다. 주변 환경 또한 가상과 현실이 오락가락 뒤섞인다. 뇌리 속 인물들까지 과거와 현실이 혼재되어 그들을 대하는 아버지는 괴롭기 짝이 없다.

이 영화는 마치 스릴러물을 보는 듯 헷갈린다. 잠시도 긴장의 끈을 놓을 수 없다. 결국 주인공 안소니(아버지)가 요양 시설에 있는 장면에서 상황의 흐름을 가늠할 수 있다. 자신이 알츠하이머 환자임을 받아들인 그는 어쩔 수 없이 무너지고 만다. 팔십 노구가 간호사의 품에 안겨 울먹인다.

"엄마가 보고 싶어."

간호사가 엄마처럼 등을 토닥일 때 슬픔이 고조된다. 나도 모르게 눈시울이 촉촉해졌다. 안타깝게 바라보는 딸의 역할 또한 남의 얘기 같지 않다. 아버지를 사랑하고 걱정하면서도 자신의 인생 또한 저울질하지 않을 수 없는 고민이 영화의 한 축이다.

주변의 몇몇 치매 환자를 보면서 이해되지 않을 때가 많았다. 그들의 언행을 그대로 받아들이기는 무리였다. 돌보는 사람 못지않게 환자도 힘들고 괴롭다는 사실, 그 또한 영화가 전해주는 메시지가 아닐까 싶다.

칠팔 년 전이었다. 이웃에 홀로 사는 한 노인이 계셨다. 우연히 알게 되어 여느 모녀처럼 애틋한 사이로 지냈다. 노인은 피붙이도 가까운 사람도 거의 없었다. 거기에 파킨슨병을 앓아 거동이 불편하시니 매일 찾아뵙다시피 했다. 종일토록 아무도 만나지 못하는 노인은 나를 보면 놓아주려 하지 않으셨다. 속에 쌓아놓은 사연들을 푸념처럼 토해내곤 했다. 듣기 거북한 얘기도, 황당한 얘기도 많았다. 아무리 말려도 막무가내였다.

어쩌다 찾아오는 동생이 있었는데 그가 당신의 많은 재산을 갈취했단다. 때로는 내 재산 당장 내놓으라고 윽박지르셨다. 그때마다 동생은 언니를 붙잡고 애증의 눈물을 쏟았다. 그렇게 속을 끓이면서도 핏줄이 뭔지 외면하지 못하고 찾아오곤 했다. 그뿐만 아니었다. 이웃의 누군가가 당신을 욕하고 미워한다. 심지어 덮고 자는 이불까지 훔쳐 갔다고 억지를 부리셨다. 그때까지도 나는 심각하게 생각하지 않았다. 그저 잘 돌봐드리면 심성도 좋아지고 언행도 나아지려니 마음을 다했다.

결국 치매 검사를 받고 요양보호사가 방문하게 되었다. 다행히 심성 고운 이를 만나 매일 사랑으로 돌봐드리자 차츰 안정을 찾았다. 나는 미리 노년의 삶을 체험하는 듯했다. 나라고 치매가 비켜 가라는 보장이 없지 않은가. 자신도 모르게 가족이나 주변 사람들을 힘들게 하거나 괴롭히지 말아야 할 텐데.

7년 전부터 치매 판정을 받은 시누이가 계신다. 다행히 요양병원에 근무하는 딸이 어머니를 모시고 있다. '긴병에 효자

없다'고들 하지만 사랑과 정성이 지극하다. 항상 아이 다루듯 살갑게 대해서인지, 오랜 투병에 모습은 쇠잔하지만 표정만은 언제나 밝으시다. 가끔 문병 가서 보면 어찌 저리도 한결같을까 싶다. 말조차 잊어버린 듯 조용히 계시다가도 두 마디는 하신다.

"괜찮다. 고맙다."

환자가 그 말의 의미를 알고 하실까. 아무리 치매를 앓아도 자신이 사랑받고 있음을 본능적으로 느끼는 듯싶다. 시누이의 생신날 조카가 한 말이 지금도 생생하다.

"저는 엄마 없는 세상을 생각해 본 적 없어요."

눈물로 얼룩진 그 아이 얼굴에서 진심이 묻어났다. 사랑이란 참으로 쉽고도 어려운 것, 생이 다할 때까지 놓지 말아야 할 동아줄 같은 것이리라.

「더 파더」는 치매 환자의 시각에서 펼치는 심리 장르의 영화다. 유명한 배우 안소니 홉킨스와 올리비아 콜맨이 감동적으로 열연한다. 나는 치매 환자를 가까이서 지켜봐서인지, 영화 속의 아버지를 충분히 공감한다. 치매는 고령화시대의 가족구조와 우리 사회의 현실적 자아 문제이며 내남없이 안고 가야 할 숙제이리라.

보금자리

모처럼 꽃가게에 들렀다. 정월 초순인데도 어느새 봄이 온 듯 앙증맞은 꽃들이 색색이 피어있었다. 연보라 꽃이 소담스러운 자그마한 화분 하나를 사왔다. 볕 잘 드는 식탁 위에 올려놓으니 집안이 환해진 듯했다. 오가며 눈인사를 해서일까. 화답이라도 하는 듯 별사탕처럼 예쁜 꽃들이 연이어 피고 졌다.

이레쯤 지났을까, 꽃이 피기도 전에 봉오리 채 뚝뚝 떨어졌다. 화분이 작아서 그런가 싶어 서둘러 큰 화분으로 분갈이를 했다. 다독이며 물을 촉촉이 주었더니 다시 꽃을 피우기 시작했다. 시들시들 살아날 기미조차 없었는데 생기를 찾은 게다. 꽃을 사 온 건 오랜만이었다. 나는 화초를 심고 가꾸기를 즐겨했다. 그런 소소한 일상의 기쁨을 한동안 잊고 지냈다.

삼 년 전이었다. 해 질 무렵 우리 집 일 층에 세든 학원원장이 몹시 화난 얼굴로 찾아왔다.

"낮에 법원에서 나와 주택 감정을 하고 갔어요. 경매한다는 말이 사실인가요."

도대체 무슨 말인지, 알 수도 믿을 수도 없었다. '진위를 알아보겠노라' 그를 돌려보낸 후 남편에게 전화했다. 수화기를 잡은 손이 부들부들 떨렸다. 그래도 눌러댔지만 받지 않았다. 아무것도 보이지 않았다. 안절부절못하고 그가 오기만을 애타게 기다렸다. 밤늦게 들어온 남편의 표정은 잔뜩 굳어있었다. 나는 말을 꺼내기도 전에 가슴이 먼저 방망이질을 해댔다.

"사업하는 고향 후배가 곤경에 처해서…."

마지못해 떠듬떠듬 입을 여는 남편, 기가 차고 억장이 무너졌다. 일은 이미 벌어졌다. 더는 무슨 말이 필요하랴. 그 지경이 되도록 한마디도 하지 않은 남편보다 까맣게 몰랐던 나 자신이 더 실망스러웠다. 하지만 누구의 잘잘못을 따질 겨를이 없었다. 당장 집 문제가 시급했다. 여차하면 삼십여 년의 보금자리를 내놓을 판이었다.

누구와 의논해야 할지 막막했다. 시간이 없었다. 다음날 장성한 자식들을 급하게 불러 모았다. 애들도 적잖이 놀랐지만 다급한 불부터 꺼나가기로 했다. 정신없는 와중에도 길은 있었다. 우선 대출을 받아 빚을 해결하고 살고 있는 단독주택을 헐어 다세대를 짓기로 했다. 노후화된 집이라 언젠가 재건축을 해야겠기에 서둘렀다. 다행히 과정은 순조로웠다. 남편과 친분이 두터운 건축업자가 믿을만한 조력자였다.

드디어 집을 비워야 하는 날이 가까워졌다. 추억이 있는 둥지와 이별식을 한다며 자식들이 다시 모였다. 제주에 사는 셋째까지. 멀리 떨어져 더러는 외롭고 힘들 때도 있으련만 묵묵히 혼자 감내하던 아이였다. 그 애의 얼굴에도 그늘이 역력했다. 만나면 화기애애했던 세 자매가 애써 눈물을 감추는가 하면 집 안팎의 풍경을 필름에 담곤 했다. 나도 덩달아 속울음을 삼켰다.

막상 이삿짐을 챙기려니 마음이 아렸다. 뭐 하나 손때 묻지 않은 게 없었다. 세간은 물론 낡아서 못 쓸 것까지 애착이 일었다. 집안 어디를 둘러봐도 눈물이 고였고 수십 년 살아온 흔적들이 여기저기서 고개를 내밀었다. 그을린 부엌 천장에도 젊은 날의 내 모습이 어른거렸다. 가스 불에 빨래를 태우고, 곰국을 올려놓고 잠이 들어 천장까지 타오르는 불꽃을 보고 얼마나 놀랐는지 모른다. 무엇보다 삼십여 년 우리 가족사가 고스란히 배어있는 정든 둥지가 아닌가.

집을 떠나는 날, 크고 작은 화분의 푸른 생명이 눈에 밟혔다. 이십 년 이상 키운 소철과 매년 꽃이 피고 졌던 문주란, 귀하게 여겼던 많은 난과 화초들, 하지만 임시거처가 좁아 집과 함께 묻을 수밖에 없었다. 발걸음이 떨어지지 않아 당장 허물 집을 쓸고 또 쓸었다. 긴 세월 가족을 지켜준 터전에 대한 도리인 듯했다.

임시거처는 집에서 멀지 않은 곳에 마련했다. 철거하는 소리가 그대로 들렸다. 그 울림이 얼마나 섧게 들리던지, 밤이면 시멘트 냄새나는 공사현장을 서성거렸다. 새집에 대한 기대 따위는 없었다. 오직 옛집을 그리워하며 눈시울을 적시곤 했다. 완공까지 일 년 남짓, 그동안 남편이 내 속을 알기나 했을까.

세밑에 새집으로 입주했다. 낯설고 정이 들지 않아 몸도 마음도 으스스했다. 하지만 보일러 작동이 잘 되어서인지 금방 훈훈했다. 옛집과 비교가 안 될 정도였다. 여름 또한 맞바람이 부는 구조라 더없이 시원하다.

환경에 따라 마음도 변하는 것인지, 한두 해 지내다 보니 옛집은 기억마저 희미하다. 소용돌이쳤던 감정 또한 수굿해졌다. 솔직히 내 감정에 치우쳐 남편 감정은 살필 겨를이 없었다. 그 역시 마음고생이 심했으리라.

오랜만에 사 온 꽃이 집안을 화사하게 밝히고 있다. 이렇듯 꽃을 집안에 들이고 가꾸며 즐길 수 있는 날이 꿈만 같다.

마음이 닿는 곳

전화벨 소리가 집안의 적막을 깨트렸다. 목소리의 주인공은 구치소 교도관이었다. 이달에 한 번 더 시간을 내달라고 한다. 바로 엊그제 다녀온 후 감기몸살이 심해 내키지 않았지만 마다할 수 없었다.

육 년 전부터 매달 한 번씩 교도소 재소자들과 상담을 해왔다. 처음에는 구치소, 교도관, 재소자라는 말만 들어도 섬뜩했다. 나와 너무 거리가 먼 단어들이었다. 선뜻 응할 수 없었는데 옆에서 용기를 준 사람이 있었다. 언제나 동행할 테니 염려 말라고 했다. 그는 십여 년 전부터 그 일을 꾸준히 맡아온 선배였기에 큰 의지가 되었다.

처음 구치소 방문은 잊을 수 없다. 대기실 문을 들어서자 담당 교도관이 기다리고 있었다. 정복 차림의 건장한 모습에서 위엄이 절로 느껴졌다. 온몸이 굳은 듯 서 있는 내게 가벼운 인사를 하며 다가왔다. 첫마디가 신분증을 달라고 했다. 잠시 후 나타난 그가 뭔가 건네주었다. 출입증이란다.

"이제 들어갑시다. 오늘은 사형수 접견입니다."

더는 설명도 없이 건조한 말투였다. 순간 아뜩했으나 앞서 가는 교도관을 따를 수밖에. 소지품과 휴대전화기를 맡기고 출입증을 목에 걸었다. 첫 문을 통과하는 신분확인은 삼엄하기 이를 데 없었다.

겨우 숨을 고르자 본 건물이 나왔다. 묵직한 철문이 두 번 열린 뒤에야 재소자들의 움직임이 눈에 띄었다. 그들은 행렬을 맞추어 거의 집단으로 이동하는 듯했다. 나는 누구의 눈도 맞출 수 없어 바닥만 보고 지나쳤다. 작은 법당에 이르자 해맑은 스님 한 분이 엷은 미소로 맞아주었다. 그가 내놓은 차를 마시면서도 시선은 오직 문 쪽에 가 있었다. 조곤조곤 이어지는 스님과 선배의 대화에 귀를 기울였지만 대부분 불교 이야기였다. 한 시간 가량의 접견시간이 끝날 때까지 그 누구도 나타나지 않았다.

돌아오면서 선배에게 물었다.

"왜 사형수가 오지 않았어요?"

다소곳이 앉아 차를 내던 그 사람이 사형수란다. 뭔가 크게 얻어맞은 듯했다. 내 눈에 비친 그는 분명 스님이었다. 옷 색깔이 법복과 비슷해서일까. 그보다 티 없이 맑은 동자승 같은 이미지 때문이었는지 모른다. 겉모습만으로 단정 지은 내 선입견이 못내 혼란스러웠다. 귀가 후에도 그가 오버랩 되었지만 스님과 사형수, 두 모습이 분리되지 않았다.

그 후 그는 만날 수 없었다. 큰 행사 때 두어 번 먼발치서 지켜봤을 뿐. 일반 재소자들과 불교 교리 공부와 상담을 했다. 삼 년 가까이 선배와 호흡을 맞춰왔다. 그러다 피치 못할 사정으로 혼자 맡게 되자 새삼스레 두렵고 버거웠다. 건장한 남자들 속이라는 생각만 해도 섬찟했다. 그럴수록 마음을 다잡았다. 그동안 낯익은 얼굴도 있고, 누군가의 귀한 자식이며 가장임을 알기에 차츰 적응되었다. 새로운 사람이 와도 안부를 묻는 여유까지 생겼다. 표정이 어둡거나 침울해 보이면 위로를 건네고 당부 또한 빼놓지 않는다.

"짬 나는 대로 명상을 하세요. 마음이 한결 편해질 거예요."

어쩌면 나 자신에게 수없이 들려준 말인지도 모른다.

어느새 교도관과 약속한 날이었다. 몸은 개운치 않고 지하철 세 번 환승에 택시까지 타야 하는 부담이 여간 아니었다. 그래도 막상 집을 나서니 마음이 가볍고 견딜 만했다. 도착하니 예닐곱 명이 기다렸다. 그 시간에 참석하려고 새벽부터 일어나 일과를 끝내고 온 사람도 있었다. 나 역시 그들의 사정을 가늠하는지라 말 한마디라도 도움이 되려고 마음을 다한다. 마침 출소를 앞둔 젊은이가 있었다. 여러 번 만났던 터라 어지간히 정도 들었다.

"사회에 나가서 주눅 들지 말고 당당하게 사셔요."

"네 고맙습니다."

벤처기업을 계속하겠노라며 자신에 찬 목소리로 말했다. 출소 후 맞닥뜨릴 현실의 두려움을 토로하는 사람이 적지 않은데 얼마나 다행인가. 가끔은 재소자들도 속말을 풀어놓을 때가 있다. 오랜 재판에 지치고 인간관계를 힘들어하는 그들의 얘기에 귀 기울인다. 마음을 여는 것 같아 더 가깝게 느껴진다.

여느 때처럼 교도관의 배웅은 다정다감했다. 햇살에 부신 눈을 잠시 감고 서 있었다. 뒤에 있는 건물이 너무 어두웠나 보다. 내가 만난 그들도 밝은 햇살을 볼 때가 있겠지.

그 이름의 의미

며칠 동안 시끌벅적하다. 계모가 아홉 살짜리 딸아이를 숨지게 했다고 한다. 무엇보다 계모라는 말에 비난을 쏟는다. 아이를 죽이다니. 분명 용서할 수 없는 행위고 분노가 이는 것은 당연하리라. 아무리 배 아파 낳지 않아도 키운 정이 있지 않은가. 나 또한 험한 말이 나올 정도로 충격이 컸다. 하지만 계모라고 똑같은 잣대로 평가할 수 없을 터, 그 이름에 담긴 사연마다 곡절이 있으리라. 누군가에게는 슬픔과 상처로, 또 애절함과 그리움으로 남아있지 싶다.

나의 친모는 오랜 병석에 계시다 육 남매를 두고 세상을 떠나셨다. 맏이가 열아홉 살, 막내가 겨우 네 살이었다. 아버지가 혼자 삼 년여를 키우셨으니 얼마나 힘드셨을지 상상으로

밖에 헤아릴 수 없다. 나는 열두 살에 새어머니를 만났다. 쪽찐 머리에 무명저고리를 입은 단정한 모습이 지금도 생생하다. 가족 모두 별 거부감 없이 받아들였고 어머니는 서른한 살에 여섯 남매의 엄마가 되셨다. 그 후 남동생 둘을 낳아 적잖은 식솔들을 거두느라 힘들었을 텐데 한결같이 무던하셨다.

나는 거의 매일 밤 어머니의 옛날얘기를 들으며 잠이 들곤 했다. 어쩌면 내가 졸라댔는지 모른다. 유난히 「콩쥐팥쥐전」과 「장화홍련전」을 좋아했다. 하필 마을에서 계모에 관한 흉흉한 소문이 나돌던 때였다. 그런데도 어머니는 마다하지 않으셨다. 아무리 철없는 아이가 떼를 썼을지라도 마음은 편치 않았을 거다. 그 깊은 속내를 누가 알겠는가.

어머니는 길쌈을 즐기셨다. 모시, 황포, 삼베, 무명 못 하는 것이 없었다. 실을 뽑는 과정부터 어느 것 하나 쉬운 게 없었다. 그런데도 베틀에 올라앉아 베를 짤 때면 더없이 행복해 보였다. 마치 베틀과 한 몸이 된 듯했다. 가지런한 날실 사이로 씨실이 든 북을 주고받는 손놀림이 마치 예술가처럼 보였다. 스르르 덜거덕, 스르르 덜거덕 베 짜는 소리는 경쾌했다. 그 리듬에 맞춰 어머니는 콧노래까지 부르셨다. 옆에서 보고 있노라면 덩달아 흥이 났다. 지난했던 어머니의 삶에서 길쌈이 유일한 보람이요 낙이었지 싶다.

나는 스무 살에 양재를 배우려고 고향을 떠났다. 집안에 한창 일손이 부족할 때였다. 내가 보탬이 되었을 텐데 어머니는 결코 가고자 하는 길을 막지 않으셨다. 만약 붙잡았더라도 뿌리쳤을지는 모른다. 돌아보면 그때 쾌히 보내주신 어머니가 고맙다. 그 후 어머니와 함께 살 기회는 다시 오지 않았다.

결혼 후 첫아이 돌이었다. 어머니는 그 먼 경상도 산골에서 서울까지 걸음 하셨다. 농사지은 무명 솜으로 손수 아기 이불을 만들어 머리에 이고 들어서던 어머니의 모습이 지금도 선연하다. 꽃무늬가 예쁜 분홍색 아기 이불은 화사하고 폭신했다. 이불을 덮고 잠든 아이 얼굴도 분홍빛으로 물든 듯 환했다. 나는 그 솜이불로 딸 셋을 덮어 키우면서 어머니를 떠올리곤 했다.

어머니는 삼십여 년 긴 세월 동안 고향을 지키셨다. 행여나 자식들이 찾아오지 않을까 목을 빼고 기다렸으리라. 무심한 나는 명절이나 집안 행사 때 간간이 얼굴을 뵈었을 뿐, 따로 시간을 내지 않았다. 그래도 서운한 내색 한번 없었기에 마음의 짐을 지고 살지는 않았다. 가까이에 오빠들이 살았고 나는 늘 먼데 산다는 핑계를 스스로 만들었다.

어느덧 어머니가 먼 길 떠나신 지 십여 년이 흘렀다. 뒤늦은 뉘우침이 무슨 소용이랴. 그토록 헌신적인 사랑을 쏟았건만 고맙다는 말 한마디 해 드리지 못했다. 자식이 아무리 효도하려 해도 부모가 기다려주지 않는 것이 불변의 이치거늘, 나 또한 회한에 사무친다.

어느 부모가 고난의 세월이 없을까마는 어머니는 계모라는 굴레 때문에 더욱 힘겨웠을 게다. 혹여 주변의 시선도 의식할 수 있고, 아버지와 허물없이 자식들 얘기나 나눌 수 있었을까. 때로는 꾸중도 하고 역정을 낼 수도 있으련만 그런 모습을 본 적이 없다. 자식을 키우다 보면 수시로 오르내리는 감정이 왜 없을까. 그때마다 어머니 스스로 꾹꾹 누르지 않았을까 싶다.

세상의 계모가 어머니만 같다면 그 이름에 대해 함부로 말하지 않을 것이다. 비단 나의 어머니만 그럴까, 지금도 계모라는 이름으로 살면서 사랑과 정성을 쏟는 어머니들이 많으리라 믿는다.

참혹하게 떠난 아홉 살 아이에게 따뜻하고 아름다운 사람도 있다는 이야기를 들려준다면 위로가 될까.

마지막 엽서

음력 사월 초파일이었다. 코로나로 불가의 연중행사들이 여의치 않았다. 그래도 스님께 문안 인사를 드릴 겸 사찰로 발길을 향했다.

법당은 예년과 다르게 휑했다. 몇몇이 다녀갔다고는 하나 법요식에 참석한 사람은 겨우 대여섯 명뿐이었다. 의식이 끝나고 스님이 따로 말씀하셨다.

"이번에 마지막으로 엽서를 보냈습니다. 팔십이 넘어 연락하려니 힘이 듭니다. 기도는 놓지 않겠습니다."

마지막이라니 가슴이 뭉클했다. 그날따라 스님의 법복 차림이 유난히 무거워 보였다. 배웅을 받고 돌아서는데 눈시울이 뜨거웠다.

사십여 년 전 봄날이었다. 마침 대문이 열려있었는지 한 젊은 스님이 마당에서 목탁을 치고 있었다. 탁발을 온 것이었다. 그때까지 스님은 신비로운 존재였고 만남 또한 처음이었다. 누가 먼저 무슨 말을 건넸는지 기억은 없지만 그날 스님의 말씀은 아직도 또렷하다.

"보살님 댁에 태기가 보입니다. 이번에는 아들이니 꼭 낳으십시오."

묻지도 않았는데 내가 그토록 아들을 원하는 줄 어떻게 아셨을까. 간절했지만 확신이 없어 망설이던 차였다. 나는 듣는 순간 그 말이 귀에 박혔다. 어둠 속에서 만난 한 줄기 빛과 같았다고 할까. 돌아서려는 스님을 붙잡고 매달리다시피 했다. 연락처라도 주십사하고. 그러고도 반신반의했다.

두어 달 후 정말 태기가 있었다. 마냥 기뻐할 수만 없어 받아놓은 연락처로 전화를 드렸다.

"스님 정말 아들일까요. 또 딸이면 어떻게요."

"딸이면 제가 데려다 키우겠습니다."

서슴없이 답을 주시는 게 아닌가. 그런데도 나는 솔직히 마음을 놓지 못했다. 태아의 성별을 어떻게 장담할 수 있겠는가. 어쩌면 내 믿음의 잣대가 그 정도였을지도. 나중에 듣기로는 스님 주변에서도 걱정들이 많았다고 한다.

그해 세밑에 아들을 출산한 후 바로 연락을 드렸다. 누구보다 스님이 소식을 기다릴 것 같았다. 기쁨이 가득한 목소리로 고맙다는 말을 연거푸 하셨다.

산욕기를 보내고 스님이 계시는 곳을 물어 찾아갔다. 경기도 남양주시 외곽, 산 중턱에 자리한 작은 암자였다. 정갈하고 한적했다. 장독대 옆 작은 텃밭에 푸성귀가 소담스럽고 높은 축담은 온통 산철쭉 꽃으로 물든 듯했다. 불교가 뭔지도 모른 채 그저 조용한 절집이 좋았던 그 인연이 지금까지 끈끈하게 이어지고 있다.

스님은 역사와 정치, 경제는 물론 세상사에도 두루 관심이 많으셨다. 신앙심과 탐구 정신, 사물에 대한 직관은 스님의 자작시집 상하권 「그대 안에」에 오롯이 담겨있다. 나는 머리맡에 두고 수시로 읽곤 한다.

가끔 털어놓을 수 없는 말이 목젖까지 차오를 때가 있다. 그럴 때면 먼저 스님이 떠오른다. 속내를 다 내보여도 부끄럽지 않고 따뜻한 말 한마디면 처진 어깨가 올라간다. 일상으로 내딛는 발걸음 또한 힘이 생긴다. 자주 뵙지 못해도 어디고 계시다는 것만으로 든든하고 의지가 된다.

하루는 뜬금없이 말씀하셨다.

"앞으로는 막내 아드님께 잘하셔야 됩니다."

내가 모르는 막내아들이라니, 순간 별의별 생각이 다 들었다. 내 표정이 심상치 않았는지, 빙그레 웃으며 그 막내가 바로 남편이라고 덧붙이셨다. 남자가 나이 들면 대부분 아내를 의지하니 어머니처럼 잘 보살피라는 진의였다. 나는 그냥 하시는 말씀이려니 했다.

그런데 남편이 뇌경색으로 보름 넘게 입원하게 되었다. 건강만큼은 자부한 사람이었는데 무너지니 어찌할 바를 몰랐다. 나는 오직 사랑과 정성으로 보살폈다. 밤낮으로 매달려도 힘든 줄 몰랐다. 그게 바로 어머니의 심정이었지 싶다. 다행히 회복되었지만 아직도 물가에 내놓은 아이처럼 조마조마할 때가 있다. 그럴 때면 스님이 왜 내게 그런 당부를 하셨는지 의미를 되새기게 된다.

돌아보면 스님은 스승이자 부모님 같은 분이셨다. 갑자기 노구 운운하시니 생경하지 않을 수 없다. 만남이 있으면 반드시 헤어짐이 따르기 마련, 그 순리를 언젠가는 받아들여야겠지. 하지만 스님의 존재감은 두고두고 내 안에 자리할 것이다.

스님의 마지막 엽서를 찾아 다시 읽어본다. 내용은 여느 해와 다르지 않다. 어떤 암시도 그림자도 보이지 않는다. 개의치 않고 그저 인연에 충실하리라.

시대의 돌연변이

불혹을 코앞에 둔 둘째 딸이 첫아이를 낳았다. 그동안 주변에서 불임 걱정을 듣노라면 남의 일 같지 않았다. 임신 소식을 듣고도 안도의 기쁨은 잠시, 차마 드러내놓고 축하한다는 말도 제대로 못했다. 그게 어미의 마음인지, 매사 조심하라고만 당부했다. 출산 예정일이 가까워질수록 더 마음을 졸였다.

새벽에 전화 소리가 요란해서 받으니 사위였다. 산통이 있어 병원에 왔는데 의사가 언제 낳을지 모른다고 했단다. 가슴이 철렁했다. 얘가 하필 제 어미를 닮았나 싶었다. 못생긴 새끼손가락까지 빼닮았다. 산통도 둘째가 유난히 심했다. 밤부터 이튿날 저녁까지 치른 산고는 평생 잊지 못할 것이다.

바로 사찰로 가서 수월하게 낳기를 기도했다. 엄마의 간절한 마음이 통했을까. 기도가 끝나기도 전에 순산했다는 연락이 왔다. 늦은 나이에도 자연분만을 해서 여간 고마운 게 아니었다. 저녁 무렵, 첫아이 출산을 축하하는 가족의 웃음소리가 입원실에 가득했다. 산모의 얼굴도 활짝 핀 목련꽃 같았다.

한시름 덜자 첫아이 출산 때가 엊그제처럼 떠올랐다. 나는 누가 옆에 있는 것이 내키지 않았다. 심지어 남편도 병원 문 앞에서 돌려보냈다. 어쩌면 우리 부부뿐 아니라 그 시대 분위기가 그랬지 싶다. 벌써 사십 년도 훌쩍 넘은 옛이야기가 됐다. 휑한 병실에서 혼자 형광등 불빛만 쳐다봤다. '파란 불이 노랗게 보이면 아이를 낳는다'는 말을 곧이곧대로 믿었던 게다.

새벽녘 아기의 첫 울음소리가 우렁찼다. 순간 눈물이 핑 돌았다. 내가 엄마가 되다니, 얼마나 벅찬 감동인가. 그 경이와 기쁨도 잠시였다. 예쁘고 사랑스러운 아이에게 힘든 산고를 대물림해야 하는 게 마음이 아렸다.

그런데도 딸 셋을 연이어 낳았다. 솔직히 둘째부터 아들을 원했다. 하지만 성별이 어디 마음대로 되는 일인가. 정부에서 '아들딸 구별 말고 둘만 낳아 잘 기르자'는 구호에 열을 올릴 때였다. 그 부르짖음의 힘이었는지 가정마다 대부분 자녀가 둘이었다. 셋째부터는 의료보험 혜택조차 받지 못했다.

그것도 부족했는지 정부는 산아 정책 수위를 더 높였다. '잘 키운 딸 하나 열 아들 부럽지 않다'는 현수막을 거리 곳곳에 걸었다. 아무리 옥죄어도 나는 아들을 포기하지 않았다. 시대의 돌연변이가 따로 없었다. 태기를 쉬쉬했고 배부른 게 무슨 잘못을 저지른 죄인인 양 문밖출입이 쉽지 않았다.

드디어 아들을 낳았다. 더는 바랄 것도 꺼릴 것도 없었다. 자식 여럿 둔 부모를 미개인이라 해도 사 남매를 데리고 많이도 쏘다녔다. 거리나 놀이공원에서 더러 바라보는 눈길이 있어도 개의치 않았다. 나는 당당했고 아이들 손 잡고 다녔던 그 시간이 참으로 행복했다.

격세지감이랄까. 이즈음에는 셋째부터 대학등록금을 정부가 지원한다. 우리의 셋째, 넷째는 의료보험 혜택도 앗아가지 않았던가. 육아 정책은 또 어떤가. 출산장려금은 물론, 보육비도 국가의 몫이다. 다자녀 가정일수록 혜택이 많고 그 부모를 애국자라고들 한다. 작금의 시대를 보면 은근히 부아가 난다. 한치 앞을 모르고 인구정책을 펼친 그분들에게 소리치고 싶을 때가 있다.

출산문화도 눈에 띄게 달라졌다. 산모가 원하면 무통 시술을 해서 산통을 덜 수 있다. 게다가 산부인과 병원은 가족 분만실이 따로 있어 남편이 탯줄까지 자른다고 한다. 그런데도 저 출산 문제가 점점 심각해지고 있다. 젊은 세대들이 경제나 직장 그 밖의 피치 못할 사정으로 아이를 원해도 미루는 경향이 있다니 안타깝다. 여러 이유는 있겠으나 미뤄서는 안 되는 게 자녀출산이 아닐까. 스스로 출산 장려 정책에 동참하기를 바라는 마음이다.

나 자신을 돌아봐도 자식을 낳고 키울 때가 감동과 기쁨의 연속이었지 싶다. 어떤 보람된 일이 자식 농사만 하랴. 어느 결에 가정을 꾸려 제 식구를 주렁주렁 달고 오니 그 어떤 결실이 이보다 풍성할까. 쑥쑥 자라는 손주들을 바라만 봐도 입꼬리가 귀에 걸린다.

나는 자부한다. 사십여 년 전 그 시대의 돌연변이는 분명 선견지명이 있었노라고.

명함

이른 아침부터 남편이 무언가를 찾고 있었다. 서랍을 여닫으며 집안을 뒤지고 바깥까지 들락거렸다. 분명 필요한 것이 있는 모양인데 말이 없었다. 처음에는 대수롭지 않게 여겼으나 가만 보니 얼굴이 붉으락푸르락 여간 다급한 게 아닌 듯싶었다.

반나절을 지켜보다 먼저 말을 걸었다.

"뭘 찾는 거예요."

그가 머뭇머뭇 입을 열었다.

"혹시 내 의장명함 못 봤어?"

참 생뚱맞았다. 삼 년 전의 명함을 찾고 있었던 게다. 그게 왜 필요한지 묻고 싶었지만 표정이 굳어있어 참고 말았다. 그는 그대로 나는 나대로 말없이 기억을 더듬으며 숨겨놓은 보물이라도 찾듯 집안 구석구석을 뒤졌다. 하지만 아무리 머리를 쥐어짜도 필름이 끊어진 듯 언제, 어디서 없어졌는지조차 떠오르지 않았다. 나는 그만 포기하고 싶었는데 그는 아닌 모양이었다. 게다가 눈치를 보니 내가 버린 걸로 의심하는 것 같아 마음이 불편했다. 그만한 데는 이유가 있었다.

남편은 오랜 기간 사회생활이 활발해서 집안에 상패가 적잖았다. 처음에는 정성껏 진열했는데 어느덧 공간이 모자랄 정도였다. 숫자가 적을 때는 애지중지했는데 넘치다 보니 그만 시들해졌다. 남편 또한 그런 줄 알았다. 그런데 나의 큰 착각이었다.

어느 날 두 개를 쌀자루에 담아 버렸다. 그가 모르는 것 같아 또 하려고 상패를 담으려는 찰나 그만 들키고 만 것이다. 그토록 화를 내는 그의 모습을 본 적이 없었다. 꼼짝없이 더는 그러지 않겠노라 빌다시피 했다.

그러니 예전 상패 사건이 되살아날 만도 하리라. 하지만 결코 명함은 버리지 않았다. 하고 싶은 말이 굴뚝같았지만 차라리 입을 다물고 말았다. 그 후 사나흘 냉랭한 기류가 흐르면서 명함에 관한 이야기는 없었다.

명함을 찾지 않았던 삼 년 동안 집안에 많은 우여곡절이 있었다. 그의 낙선과 경제적인 손실, 경황 중에 세 번의 이사를 연이어 치렀다. 그 와중에도 잘 간수했으려니 믿었을 게다. 내가 명함을 얼마나 소중히 여기는지 그가 모른다면 참으로 서운하다. 선거를 치를 때마다 그 한 장을 전하려고 새벽부터 밤늦도록 골목을 누비지 않았던가, 표로 이어지기를 애타게 바라면서. 지금도 선거철이 되면 남의 일 같지 않다. 현수막이 걸리고 후보자의 명함을 받을 때면 가슴이 저릿하다. 얼마나 마음고생이 심할까 싶다. 그런데 어찌 명함을 함부로 할 수 있겠는가.

평소 남편과의 냉전은 거의 없다. 뚜렷한 승패도 없는 괜한 소모전이 아닌가. 내가 먼저 손을 내밀었다.

"잘 챙겨야 했는데 미안해요, 그만 잊어버리면 안 돼요."

그는 가타부타 말이 없었다. 나를 바라보며 싱긋이 웃는 표정으로 대답을 대신했다.

남편은 젊었을 때부터 동네일이면 궂은일을 마다치 않고 달려가곤 했다. 그런 모든 것이 밑거름되었는지 기초의원과 구의회 의장을 역임했다. 그동안 열정을 다한 만큼 직위를 내려놓고 상실감이 컸으리라. 그런데 명함 한 장도 남은 게 없으니 얼마나 허전할까. 어찌 보면 그의 삶에서 가장 빛났던 시절이 아니던가. 다시 새길 수 없기에 더 귀한 것일 게다. 한동안 침울한 표정이 역력했다. 하지만 그만의 시간이 필요할 듯싶어 그저 지켜보기만 했다.

어느 날 일찍 들어온 남편의 표정이 전에 없이 밝았다. 작은 명함통을 내 손에 쥐어주고는 별말 없이 방으로 들어갔다. 나는 선 채로 뚜껑을 열고 훑어봤다. 그 안에 남편의 이름이 새겨져 있는 게 아닌가. 가슴이 뛰었다. 뒤따라갔더니 다음날부터 출근이란다.

명함이란 어떤 의미일까. 본인의 소개가 간단하면서 신뢰도 줄 수 있으리라. 손바닥보다 작은 종이에 불과한 명함, 어디서고 그것을 내밀며 당당할 수도.

그의 새로운 명함 속 모습을 기대해 본다.

고향

이른 아침, 향우 사십여 명이 청도로 가는 버스에 올랐다. 그곳에서 나고 성장한 우리는 평소에도 끈끈한 모임을 이어오고 있다. 경부선 도로 진입부터 가슴이 설레고 뭉클했다. 나에게 고향은 어떤 의미일까. '고향 방문'이라는 말이 새삼스러웠다.

봄꽃들이 화사한 휴게소 부근에서 준비해간 야외밥상을 펼쳤다. 고향 냄새가 물씬 났다. 다들 제피(초피)향이 입안에 감도는 겉절이와 깻잎무침, 고디(다슬기)국을 추억의 맛이라며 아우성쳤다. 나 또한 어려서부터 즐겨 먹었던 거라 고향 가는 길이 실감났다.

청도 운문면은 삼십여 년 전에 수몰되었다. 진작 말은 있었지만, 막상 그리되니 삶의 뿌리가 뽑히는 듯했다. 결혼 후 십 년쯤 되었을 때였다. 타지에 몸을 둔 나도 그럴진대 조상 대대로 터를 이룬 마을 사람들은 어땠겠는가. 뿔뿔이 흩어질 수밖에 없는 그들의 심정을 말로는 다 표현 못 하리라. 원해서도 아니고 더 나은 삶이 기다리는 것도 아닐 터. 더구나 고향을 떠나 살아본 적도 없지 않은가.

고향이 사라지 후 명절만 되면 갈등이 일었다. 어느 곳으로 가야 할지. 양가가 같은 마을이라 일가친척 모두 만나 얘기꽃을 피웠건만, 산지사방 흩어졌으니 하행선 자동차 물결만 봐도 눈물이 고였다.

'나도 저 어딘가에 한 점일 텐데, 열 시간 넘게 거북이걸음을 해도 지루한 줄 몰랐는데….'라고 혼자 중얼대며 푸념을 하곤 했다.

오후 한 시 무렵, 도착한 댐 상류는 황량하기 그지없었다. 사람은 살고 있으나 시간이 멈춘 듯 적막하고 빈집은 을씨년스러웠다. 제2 금강산이라 불렸던 절벽 주변을 말없이 걸었다. 수려한 명산도 친구들과 오르내렸던 가파른 바윗길도 인적이 끊어져 쓸쓸하기는 마찬가지였다. 눈앞에 펼쳐진 호수마저 잿빛으로 보였다.

산모퉁이를 돌아 나오면 바로 길 위에 부모님이 잠들어 계신다. 산소를 기점으로 그 아래 양지바른 마을이 있었음을 가늠했다. 지금도 깊숙이 자리하고 있으리라. 동쪽 산발치에 솟은 큰집과 그 아래 다소곳이 내려앉은 우리 집과 작은집이 오손도손 살았고 외가도 이웃이었다.

외가는 어린 시절 나의 든든한 의지처였다. 그 누구도 뭐라 하지 않았건만 밤이면 자는 척, 이불 속에 베개를 놓고 외가로 쫓아가곤 했다. 외숙모는 언제나 사랑으로 보듬어준 엄마 같은 존재였다. 가끔 먼 길 떠난 엄마얘기도 들려주었다. 그래서 더 외가를 찾았는지 모른다. 봄이면 언니들과 달래, 냉이를 캐고 여름이면 강에서 다슬기를 잡곤 했다. 그런데 소식마저 뜸하니 내가 너무 무심했지 싶다.

마을 앞으로 시냇물이 휘돌아 흐르고 강변에 하얀 몽돌이 펼쳐져 있었다. 아이들은 여름 내내 물에서 놀았다. 놀다 추우면 햇볕에 달궈진 돌에 누워 젖은 몸을 말리곤 했다. 어른들은 동구 버드나무 그늘에서 장기를 두거나 한담을 즐겼다. 마을 사람들은 그 아름드리나무를 당나무라며 신성시했다. 마을의 안위와 자식을 얻기 위해, 한국전쟁 때 소식 끊어진 아들의 안녕을 위해 저마다 치성을 드렸다. 그래서일까 수몰되기 전, 한 집 두 집 마을을 떠나자 밤이면 나무에서 곡소리가 들렸다고 한다. 떠날 수밖에 없는 사람들의 속울음을 당나무가 대신 토해낸 것은 아닐까. 모두 떠나고 홀로 남은 버드나무는 마을과 함께 수장되었으리라.

어느새 버스는 낯선 면사무소 앞에 도착했다. 몇몇 직원이 현수막까지 걸어놓고 고향 방문을 환영해 주었다 수몰로 사라진 옛 이름 '운문면' 현판을 보니 고향이 그대로 남아있는 듯 뭉클했다. 그곳에서 변화한 고향 소식을 듣고 숙소로 가다 보니 새로 조성한 화랑촌 건물이 우뚝 서 있었다. 청도가 화랑정신의 발상지임을 상기시키는 듯. 보리가 팼을 들녘에는 표고버섯 하우스가 즐비하고 숙박 시설들로 고향은 이미 탈바꿈한 듯했다.

어느 누가 고향을 그리워하지 않을까. 다만 언제라도 갈 수 있는가 하면 실향민처럼 애절한 사연을 안고 살아가기도 한다. 더러는 나처럼 고향을 수장시킨 예도 있을 것이다. 한때는 떠나기만 하면 뭔가 더 나은 세계가 활짝 열리리라 기대도 했지만, 막상 타지생활은 그리 만만치 않았다. 외롭고 고달플 때마다 고향을 떠올리며 힘을 얻곤 했다.

그런 고향이 통째로 사라졌으니 쓰라리고 허전한 마음은 당연하리라. 하지만 물리적인 개념이 다는 아닌 듯싶다. 언제까지고 그리움은 불씨로 남아있을 것이다. 그게 진정한 고향의 의미가 아닐까.

유년의 퍼즐

날이 저물었는데도 그가 돌아오지 않았다. 늦으면 연락하는 사람이었다. 혹시 내가 받지 않았나, 전화기를 들여다보니 통화기록이 여러 번 남아있는 게 아닌가. 부랴부랴 번호를 눌렀지만 남편 목소리를 들을 수 없었다. 분명 무슨 일이 있는 것 같은 조바심을 멈출 수 없었다.

시간이 얼마나 지났을까. 드디어 기다렸던 벨이 울렸다. 남편인 줄 알았는데 큰딸이었다.

"엄마 놀라지 마세요. 아버지가 지금 아산병원 응급실에 계셔요."

나는 믿을 수 없었다. 다시 물었지만, 대답은 똑같았다. 당장 가려는데 MRI 검사결과가 나올 때까지 집에서 기다리란다. 딸이 명령하듯 하니 그저 안절부절못하고 서성거릴 수밖에.

자정이 넘어 다시 전화가 왔다. 이번에는 사위가 "어머니!" 하고는 말을 잇지 못했다. 어렵게 입을 연 듯 뇌경색이란다. 일러준 대로 허겁지겁 뇌경색 집중치료실을 찾아갔다. 나는 두려움에 떨고 있는데 그는 태연했다. 싱겁게 웃더니 남의 말을 하듯 했다.

"산행 후 어지러워 동네병원을 갔더니 더위 먹었다고 주사를 놓더라. 집으로 오는 길에서 구토가 심해 큰 병원으로 왔지."

혼자 택시까지 불렀다니 얼마나 불안했을까. 나는 전화를 받지 않고, 급한 김에 딸에게 연락했던 게다. 툭하면 전화기를 꺼놓는 내 그릇된 습관, 이참에 단단히 고쳐야겠다. 다행히 응급조치는 잘 된 성싶었다.

사흘 후 퇴원을 앞둔 아침이었다. 식사하던 그의 손에서 숟가락이 툭 떨어졌다. 그러자 한쪽 입꼬리가 처지면서 밥알이 흘러내렸다. 나를 바라보는 눈 초점이 흐려지기까지 정말 한순간이었다. 그의 이름을 소리쳐 부르고 부둥켜안았지만 이미 온몸이 마비된 듯 뻣뻣했다. 조금 전까지 웃고 말을 주고받았는데 어찌 그처럼 무너질 수 있는지.

정신없이 의사를 불렀고 서둘러 뇌 검사가 이어졌다. 미세

혈관이 막힌 거란다. 의사들의 분분한 논의 끝에 급박하게 시술이 이루어졌다. 자칫 혈관이 터질 우려는 있지만 시간이 지체될 경우 언어장애를 피할 수 없단다. 수술실 앞에서 나는 오직 기도만 할 뿐이었다. 얼마나 간절했으면 그 시간이 결코 짧지 않았음을 나중에야 알았다.

이튿날, 모니터에 비친 남편의 머릿속은 피와 조영제로 범벅이었다. 그토록 우려했건만 시술 부분이 터져버린 것이다. 혈압조절기를 달아놓고 24시간을 점검했다. 그런데도 고열과 혈압은 널뛰기였다. 온몸에 피가 마를 지경인데 담당의사는 손상된 부위가 더디 낫는다고 머리를 저어댔다. 나는 깊은 절망감에 빠져들었다.

보름이 지나자 겨우 혈압이 안정되었다. 의사는 언어 전문 재활병원을 권유했다. 남편은 여전히 말도 못 하고 기억도 찾지 못했는데. 겉모습만 멀쩡했지 온전한 사람이라고 할 수 없었다. 억지로 우겨 일반병실에서 며칠을 버텼다. 그동안 남편의 언어치료 과정을 지켜보면서 나도 할 수 있으리라는 자신감이 생겼다.

퇴원 후, 모든 일상을 오롯이 그의 치유에 맞췄다. 주치의며 간병인이 된 것이다. 입원 중에 눈여겨봤던 환자식을 준비하고 혈압과 체온에 신경 썼다. 의사가 하는 대로 마주 앉아 그림과 낱말, 숫자를 묻고 답하기를 반복했다. 하지만 보름이 지나도 호전되는 기미가 보이지 않았다. 가족 이름조차 까맣게 모르는 세 살 미만 수준의 아이 같았다.

다른 방법을 찾아 나섰다. 그의 손을 잡고 매일 동네 주변 성내천과 야트막한 천마산 능선을 오르내렸다. 오가는 도중에 혹 지인을 만나면 그 사람에 대해 캐묻고, 꽃과 풀, 나무 이름을 수다스럽게 묻고 또 물었다. 대답이 엉뚱해도 개의치 않았다. 남편 또한 한창 말 배우는 아이처럼 순수했고 고분고분 잘 따라주었다.

하루는 그가 갑자기 싸리나무 앞에서 멈춰 섰다. 다가갔더니 그 나무로 아버지가 채반과 광주리를 만들어 장에 내다 팔았단다. 딱히 내게 얘기를 한다기보다 독백에 가까웠다. 얼마 만에 들어본 말인가. 나는 그의 손을 잡고 놓지 못한 채 눈물만 쏟았다. 마치 내가 말을 잊은 듯했다. 막상 그런 나를 바라보는 남편은 무덤덤했다. 그래도 희망이 보였다. 깊숙이 박혀 있던 유년의 기억이 치유의 마중물이 되리라 믿었다.

그가 머무는 유년의 세계로 들어갔다. 나 또한 함께했기에 스스럼없었다. 잉어 떼가 몰려드는 성내천 징검다리에 앉아 함께 멱 감았던 동무들 이름을 대고, 물고기 이름도 불렀다. 먹지, 꺽다구, 탱갈래, 뻥구리, 깔딱메기, 모래무지, 노지람쟁이….

아까시나무 잎으로 수를 세고 토끼풀 꽃팔찌를 만들어 손목에 걸었다. 그러다 네잎클로버도 만났다. 아무리 찾으려 해도 눈에 띄지 않았는데 그가 한 장 내가 두 장을. 행운을 잡은 듯 가슴이 뛰었다. 그 행운이 이어지리라 확신이 들었다. 나는 클로버 세 장을 부적인 양 책갈피 속에 고이 간직했다.

그리고 주변의 푸른 잎들이 윤기를 잃고 단풍이 절정을 이룰 때까지 매일 산과 들, 천변을 누비다시피 했다. 남편이 환자라는 생각마저 잊은 채, 팔짱을 끼거나 손을 잡고 아이처럼 재잘거렸고 연인처럼 애틋했다. 누가 봐도 더없이 다정한 부부였지 싶다.

어느 결에 그는 제자리로 돌아와 있었다. 발병에서 회복되기까지 4개월여, 그동안 남편은 자신이 어떻게 보냈는지, 병을 앓았던 사실조차 전혀 모른단다. 마치 필름이 끊어진 듯, 부분기억이 상실된 듯. 하기야 굳이 알아야 할 이유도 없지 않을까.

우리는 소꿉동무로 만나 어느새 황혼의 부부에 이르렀다. 그 세월의 더께만큼 공유한 추억과 그리움, 애틋함이 켜켜이 쌓여 있었던 게다. 그랬기에 그의 곰삭은 기억들을 퍼 올릴 수 있었으리라.

5.

어느 봄날의 수채화

순수의 강

봄이 완연했다. 꽃망울이 터지는가 했더니 남쪽으로 갈수록 활짝 핀 자태를 보였다. 동대구역에서 마중 나온 친구들을 만났다.

"어서 온나, 반갑데이."

고향 토박이말은 언제 들어도 정겹고 구수하다. 우리는 추억을 찾아가는 내내 반세기를 넘나들었다. 머리카락이 희끗희끗한 모습으로 초등학교 교가를 부르고 까마득한 시절의 애기꽃을 피웠다. 창밖 저만치 잿빛 호수가 보였다. 왁자했던 분위기가 누가 먼저랄 것 없이 숙연해졌다. 댐이라는 이름으로 고향이 사라진 지 삼십여 년, 그 속에 우리가 다녔던 초등학교와 어린 날의 추억이 고스란히 잠겨있다. 많은 시간이 누적되었건만 아직도 호수를 볼 때면 가슴에 구멍이 뚫린 듯 허하고 시리다.

호숫가 식당에서 기다리는 동창들과 합류했다. 고향 맛 가득한 점심을 먹고 낯익은 송림 사잇길을 걸었다. 봄가을 소풍 때마다 도시락을 까먹고 보물찾기를 했던 아슴푸레한 추억의 솔밭이다. 그 길 끝자락인 산사 앞뜰에 개나리꽃 무리가 절정을 이루었다.

열일곱 살 이른 봄이었다. 개나리꽃이 집 앞 채소밭 울타리를 노랗게 물들인 어스름 저녁, 동생이 핑크빛 봉투 하나를 슬그머니 손에 건네주었다. 마치 봄의 전령이기라도 한 듯, 작은 글씨로 쓴 이름은 K였다. 뜬금없었다. 그와는 6년 동안 같은 반이었지만 가깝게 말 한번 나눈 적이 없었다. 세월에 바래 내용은 알 수 없으나 봉투 속에서 샛노란 꽃잎들이 오소소 떨어진 것만은 기억이 선명하다.

그때 내 감정은 누가 물어도 설명이 안 된다. 전혀 엉뚱한 편지였음에도 바로 답장을 쓴 것이다. 어디에도 마음 붙이지 못하는 사춘기라 그랬다면 궁색한 변명이 될까. 새소리와 바람소리, 봄꽃들의 속삭임을 그대로 써서 보냈다. 밤새 울어대는 소쩍새소리, 무논의 개구리 합창 또한 소재가 되었다. 누구에게도 토해낼 수 없는 나만의 속내를 그렇게 물꼬를 튼

것이리라.

집배원 노릇은 동생이 맡았다. 시키지 않아도 K가 휘파람을 불면 눈치껏 받아와서 내 손에 쥐어주곤 했다. 비밀스러운 연애에 한몫 낀 양.

들녘에 벼가 패고 매미의 목청이 높은 늦여름 오후였다. 여느 때와 다름없이 동구 밖 버드나무 아래는 마을 사람들이 많았다. 그늘이 짙고 강바람이 불어와 언제나 시원했다. 그곳에서 한동네 친구가 우리 친척 할머니께 꾸중을 듣게 되었다. 그러자 걔가 성이 났는지 고자질을 했다. 내가 연애질을 한다고. 꼬리가 길면 밟힌다지만 엉뚱한 데서 들통이 나고 만 것이다.

그때만 해도 처녀 총각이 남몰래 편지를 주고받는 것은 큰 사건이었다. 할머니는 노발대발하셨고 바로 집으로 쫓아오셨다. 그 통에 아버지까지 알게 되어 소동이 벌어졌다. 얼마나 화를 내시던지. 나는 그때까지 아버지의 그런 모습을 본 적이 없었다. 게다가 동네에 소문이 퍼져 우리는 장문의 편지로 마지막을 고했다.

그해 가을, K가 도시로 이사했음을 풍문으로 들었다. 그렇게 잠시 머물다간 감정도 풋사랑이었을까. 개나리꽃이 피면 봄을 앓았다. 순수하고 풋풋했던 그 시절의 그리움과 함께.

어느 해 추석을 며칠 앞둔 날이었다. 마을 앞 시냇물을 건너는데 맞은편에서 K가 오고 있었다. 편지 사건 후 십여 년 만에 처음 맞닥뜨린 것이다. 약속도 아닌 우연히 이루어진 해우, 너무 갑작스러워서 어찌할 바를 몰랐다. 마주칠 수도 되돌아갈 수도 없는 징검다리에서 얼결에 손 씻는 척 가장자리로 피하고 말았다. 그도 짐짓 모른 채 스쳐 지나갔다. 그날 숨죽이고 바라본 고향 강바닥의 몽돌과 은빛 윤슬은 지금도 선연하다.

이번 동창 모임에 그가 오리라는 생각은 전혀 못 했다. 오랜만에 만난 친구들과 왁자한 가운데 눈길이 마주쳤다. 나도 모르게 멈칫했다. 무슨 말을 해야 할지, 할 말이 많을 것 같았는데 입이 떨어지지 않았다.

그가 몇 발자국 앞에서 걷고 있었다. 삼월 오후 햇살에 은빛 머리카락이 유난히 반짝거렸다. 그 뒷모습에 편지를 보낸 한 소년과 징검다리를 건너던 청년이 나타났다가는 가뭇없이 사라졌다.

여행은 계속된다

늦은 가을. 친구와 동유럽 여행을 했다. 떠나기 전에 관련된 책을 읽고 여정의 밑그림을 그렸다. 중세 이미지의 아름다운 건축물과 문화와 역사를 미리 알고 싶었다. 예정된 날이 가까워질수록 설레고 기대되었다.

프랑크푸르트공항에 내려 하늘부터 쳐다봤다. 전혜린의 「생의 한가운데」, 「그리고 아무 말도 하지 않았다」 작품에 묘사된 뮌헨의 안개 낀 회색 하늘이 인상적이었다. 정말 하늘이 회색인지, 아니면 작가의 근원적인 고독과 절망을 그렇게 표현했을까 상상했었다.

독일의 분단과 통일의 상징인 베를린 장벽 앞에 섰다. 세계에서 유일한 분단국가인 우리에게 울림을 주는, 많은 사람이 죽음을 불사하고 넘었던 그 장벽이 무너진 순간은 세계 역사에 남을 장면이리라.

낙서로 얼룩진 그 일부가 청계천 광장에 기념물로 세워졌다. 그 상징물을 보면서 통일을 그려 보곤 한다.

아우슈비츠로 가는 내내 비가 추적추적 내렸다. 빅트프랭크의 「죽음의 수용소」를 읽어서인지, 도착하기 전부터 끔찍한 참상들이 연상되어 섬찟했다. 1940년, 당시 독일 최대 규모의 강제 수용소였다. 수많은 유대인이 떼죽음을 당한 가스실, 교수대, 시체 소각장 등 대량 학살의 현장이 고스란히 남아있다. 인간이 얼마나 잔인할 수 있는지, 인류가 잊어서는 안 될 참혹한 역사의 장면 장면이다. 아직도 사방에서 비명이 들리는 듯 진저리를 쳤다.

예술과 일상이 공존하는 오스트리아, 그곳은 영화 「사운드 오브 뮤직」을 여러 번 보면서 음악과 예술의 나라로 각인되었다. 바이든, 베토벤, 모차르트 같은 세계적인 음악가들의 출생지며 클래식의 본고장이 아닌가. 시간의 흔적이 배어있는 고풍스러운 서점과 오밀조밀한 상점에도 그들의 자취와 숨결이 느껴졌다. 그래서인지, 그곳 사람들은 음악을 귀로만 듣지 않고 공기처럼 호흡한단다. 거리 어디선가 계속 클래식이 잔잔하게 흘러나왔다. 음악에 문외한인 나도 공연히 센티해지고 걸음이 느려졌다. 그런 경험은 처음이었다. 조형미가 뛰어난 고딕 양식의 대성당과 궁궐 또한 아름다움의 극치였다.

그곳을 뒤로하고 폭포와 호수로 유명한 크로아티아로 향했다. 세계 자연유산으로 등재된 폴리트비체 계곡에 발을 디딘 것이다. 그 계곡이 세상에 알려진 지는 그리 오래되지 않았다. 오랜 전쟁이 낳은 군사지역으로 접근이 어려워 악마의 정원으로 불리기도 했다. 하지만 이즈음은 요정이 살고 있는 아름다운 청정지역으로 손꼽는다. 유럽인들의 휴식처로, 영화「아바타」의 촬영지로 텔레비전에 방영되면서 많은 관광객이 찾는다고 한다.

서울시 면적의 반쯤 되는 숲속에 크고 작은 열여섯 개의 호수와 폭포가 절묘하게 조화를 이루었다. 수천 년 세월이 빚은 걸작품이리라. 청량한 폭포소리의 깊은 울림은 지금도 아련한 메아리로 남아있다. 옥빛 호수에 떠 있는 고사목과 단풍잎, 헤엄치는 숭어 떼 또한 아름다운 풍경을 자아냈다.

"천천히 거닐며 태곳적 정취에 취해보세요. 힐링이 될 거에요."

인솔자의 그 말을 음미하며 걷는데 한 표지판이 불쑥 앞을 가로막았다. 호수가 범람하여 길이 물에 잠겼단다. 그냥 지나가도 괜찮을지, 우회로를 택해야 할지 잠시 망설였다. 그러자 인솔자가 나섰다. 그냥 직행해도 된다고.

더는 선택의 여지없이 우리는 신발을 벗어들었다. 처음에는 찰박찰박 걸을 만했다. 한참 맨발의 촉감을 즐겼는데 차츰 발바닥이 시리고 통증을 호소했다. 자칫 잘못 딛거나 돌부리에 걸리기라도 하면 깊이도 모르는 호수에 빠질 것만 같았다. 환상적인 정취는 고사하고 속히 그 길을 벗어나고 싶었다. 일행도 같은 마음인 듯 앞만 보고 가는데 뒤에서 웅성대는 소리가 들렸다. 돌아보니 친구가 옷이 다 젖은 채 오들오들 떨고 있었다. 발을 헛딛어 주저앉은 게다. 유난히 겁도 많은 사람이 얼마나 놀랐을까. 가을이라 물도 차가웠다. 그 길을 삼사십 분이나 걸었으니 나도 다리에 감각이 거의 없을 정도였다.

친구에게 달려갔더니 다행히 크게 다친 데는 없었다. 그만하니 위안을 삼을 수밖에. 우리가 얼마나 어렵게 계획한 여행이었던가. 인솔자는 그 길을 벗어난 뒤에야 입을 열었다. 여러 번 호수가 범람했지만 이번 같은 경우는 처음이라고.

"참 큰 경험을 했어요. 두고두고 다른 여행자들에게 얘기할 것 같아요."

호기 있게 말은 해도 내심 걱정을 많이 한 듯했다. 그러니 누구를 탓하고 원망하겠는가. 여행하다 보면 뜻하지 않은 위험이 도사리기도 하고 새로운 것에 전율하며 행복에 젖기도 한다. 거기에 누구와 동행하느냐가 중요하지 싶다. 함께 겪지 않으면 모를 내밀한 이야기도 있고 일상에서 길어 올리는 화젯거리도 풍성해질 것이다. 이번 여행 또한 뒷얘기가 적지 않으리라.

보름 동안의 여정을 마치고 프랑크푸르트공항으로 되돌아왔다. 가랑비가 흩뿌렸다. 다시 독일 하늘을 쳐다봤다. 언제 어디서고 미련 없는 여행은 없다. 그 미련이 때로는 아쉬움이, 또 그리움이 될 터.

벌써 친구와 함께하는 다음 여행이 기다려진다.

공허한 울림

칠 남매가 해마다 한두 번씩 여행을 다녔다. 언제나 큰오빠가 주선하여 동생들은 그냥 따르기만 하면 되었다. 국내든 해외든 때에 따라 여행지를 정해 다니기를 거의 이십여 년, 돌아보면 그 순간들이 참으로 행복하고 소중한 날들이었다.

올해도 누가 먼저랄 것 없이 여행 얘기가 오갔다. 하지만 여느 해와는 사정이 아주 달랐다. 큰오빠가 입원하고 둘째 오빠는 노환으로 걸음이 불편하다. 게다가 몇 달 전 제부가 황망히 세상을 떠났다. 두 오빠가 마음에 걸렸지만 남편을 잃은 동생을 위로할 겸 조용히 다녀오기로 했다. 셋째 오빠가 계획한 중국 서안으로. 서안은 중국의 가장 오래된 도시 중 하나로 실크로드의 시발점이다.

막상 나서려니 큰오빠의 빈자리가 너무 컸다. 맏이라 늘 든든했고 여행지의 풍경을 비디오에 담아 집집이 보내주는 분이었다. 젊은 시절에는 가난한 농촌을 개선해 보려고 개량종 시범농사를 선보였고 상급학교로 진학하지 못한 젊은이들을 위해 야학을 열기도 했다. 그처럼 매사에 적극적이던 분인데 건강에 적신호가 켜지니 속수무책이다. 아직도 의욕은 여전한데 몸이 따라주지 않으니 그 마음이 어떠할까. 며칠 전에는 아들의 부축을 받아 부모님 산소며 당신이 묻힐 곳을 다녀오셨다니 그저 안타깝기만 하다.

김해공항에서 탑승하여 세 시간 후 서안공항에 내렸다. 서안은 옛 중국의 13개 왕조가 이천여 년간 도읍을 이룬 곳이다. 그 역사 가운데 유난히 죽음에 관련해서 많이 회자하는 진시황이 묻혀있다. 그는 춘추전국시대를 통일하고 만리장성을 쌓았으며 그밖에도 많은 치적이 남아있다. 그런데도 못다 이룬 업적에 대한 미련이 있었는지, 아니면 삶에 대한 애착이 강했는지, 불로초를 구하려고 여러 나라로 사람을 보냈다고 한다. 진시황의 명을 받은 서복이 불로초를 구하려고 한라산을 다녀갔다는 설이 있다. 그때 서쪽 포구로 돌아가서 서귀포(西歸浦)라는 지명이 생겼다고 한다. 지금도 그 유례가 있는 서복전시관이 있다.

진시황의 무덤은 웬만한 동산 크기였다. 도무지 어디쯤 잠들어 있는지, 그곳에 묻히기는 했을까, 끝없는 의구심이 일었지만 그 안의 비밀은 아무도 모른다. 도굴을 막으려고 '수은' 같은 것으로 함정을 만들어놓아 접근이 어렵다고 한다. 무서우리만치 완벽을 추구하지 않았는가. 그 무덤은 진시황 생전에 37년이나 걸려 완성했다고 한다.

그뿐만이 아니다. 무덤 부근, 드넓은 지하에 흙으로 빚은 수많은 병마용을 세워놓았다. 그 대열의 규모가 어마어마해서 입이 딱 벌어졌다. 비슷해 보였으나 똑같은 모습은 하나도 없단다. 머리와 팔다리를 잃은 부상병도 어지러이 널려있었다. 그 많은 병사는 과연 진시황과 만났을까, 설핏 엉뚱한 생각이 들었다.

그 병마용갱이 세상에 모습을 드러낸 것은 그리 오래되지 않았다. 1970년 중반, 한 농부가 우물을 파던 도중에 우연히 발견했다. 지금까지 발굴한 세 개의 갱만 해도 병마는 물론 병기가 십만여 개나 된다고 한다. 계속 발굴 중이라니 그 규모가 얼마가 될지 가히 짐작하기도 어렵다. 삶이 있으면 죽음 또한 반드시 따르거늘 그 진리마저 순응하지 못한 다른 이유가 있었을까. 진시황의 내세관은 어떤 것이었을까. 의문은 부푸는데 보통 사람인 나로서는 도무지 그 답을 찾을 수 없다.

가끔 걸어온 삶의 길에서 멈추어 돌아보게 된다. 나름으로 열심히 살았으나 손안에 움켜쥐었던 모래가 빠져나간 듯 허허로울 때가 있다. 그 휑한 느낌은 어디서 오는 것이며 무엇으로 채워야 할까. 진시황의 허무와 견준다면 무리일 터이지만 생(生)과 사(死)는 늘 맞닿아 있지 않은가. 그 진리는 누구에게나 영원하다. 그렇다면 나는 어떤 준비가 필요할까. 그보다 삶의 궤적이 더 중요하지 싶다. 그저 먼 훗날 누군가에게 따뜻한 사람으로 기억되면 족하리라.

아직도 진시황의 병마총이 머릿속에서 떠나지 않고 있다. 그 공허한 울림은 여운처럼 오래 남을 성싶다.

기다림의 맛

새벽 다섯 시쯤 제주 애월읍 해변을 산책했다. 저 멀리 희미한 등대가 보이고 바닷가에는 현무암이 즐비했다. 돌담 안의 오밀조밀한 펜션들도 눈길을 끌었다. 길모퉁이를 돌아서자 어디선가 외마디 고성이 들렸다. 그냥 지나치려다 소리를 따라갔다. '동귀리 포구'였다. 이십여 척의 어선은 아직 숙면에 든 듯한데 막 들어온 고깃배 위에서 한 어부가 바다를 향해 욕설을 퍼부어댔다. 방파제로 밧줄을 던지는 다른 어부와 받아 묶는 아주머니가 그만하라며 손사래를 쳤다.

분명 무슨 사연이 있을 성싶어 귀를 기울였다. 간밤에 바다 가운데서 배가 고장이 났는데 수리공이 제때 오지 않아 고초를 겪은 모양이었다. 망망대해에서 얼마나 애를 태웠으면 애면 바다를 상대로 저리도 화풀이할까. 혹 빈 배로 돌아온 것은 아닐까. 가까이 가보고 싶어도 왠지 불똥이 내게로 튈 것 같아 좀 떨어진 방파제 끝에서 지켜봤다. 하지만 어부의 넋두리는 여전했다. 마침 새벽 바다낚시를 즐기는 이가 있어 얘기를 나누었다.

어느새 고성은 잦아들고 어부가 뭔가를 연신 내려놓았다. 받느라 여념이 없는 아주머니 옆으로 구경꾼이 모여들기에 가까이 가봤다. 은빛 비늘이 번쩍번쩍하는 갈치였다. 구이든 조림이든 뭘 해 먹어도 맛있을 것 같았다. 몇 마리 살 수 있는지 물어보고 싶어도 입이 떨어지지 않아 주변을 서성거렸다.

아주머니는 크기를 분류하랴 상자에 담으랴 분주했다. 날아 밝자 산책객들이 몰려들어 묻곤 했다. 하지만 대답은 한결같았다.

"안 팔아요. 가격은 공판장에 나가야 알아요."

느긋하게 수평선도 바라볼 겸 나는 작업이 끝나기를 기다렸다. 상자를 채우고 남으면 흥정하리라 나름 속셈이 있었다. 이따금 바람이 스치기는 했으나 강한 햇살이 눈살을 찌푸리게 했다. 그래도 참고 버텼다.

한 시간 남짓 지났을까, 작업이 끝날 무렵 아주머니에게 다가갔다.

"저는 갓 잡은 갈치 맛이 어떤지, 한번 먹어보고 싶어서 기다렸어요."

"그렇다면 상처 난 이것이라도 가지고 가시려오. 오징어가 잘라 먹은 건데."

"네 감사합니다. 값은 얼마를 드리면 될까요."

고깃배에서 내려온 어부가 참견하듯 끼어들었다.

"그냥 드리기는 뭐하고 만 원만 내고 다 가지고 가시오."

갈치 일곱 마리를 봉지에 담으며 아주머니가 혀를 끗끗 찼다.

"장에 내다 팔면 몇 배는 더 받을 텐데."

나는 무슨 횡재라도 한 듯 신이 나서 잰걸음을 했다. 해가 중천이라 서둘렀다. 남편은 손질해서 토막을 내고 나는 굽느라 비지땀을 흘렸다. 여느 때라면 두세 번 나눠 먹었으련만 갓 잡은 갈치 맛을 음미하려고 죄다 아침상에 올려놓았다.

"할머니 맛있어요. 어머니 갈치 맛이 예술이에요."

손자와 사위의 감탄사를 보태서인지 상이 더욱 푸짐했다. 모처럼 갖는 가족 휴가에 나도 한몫한 것 같아 뿌듯했다. 맛있게 먹는 자식들을 보니 입이 근질거렸다. 갈치가 상에 오르기까지 그 과정을 풀어 놓았다.

"엄마가 기다린 덕에 제주 갈치 맛 제대로 봤네."

상을 물리며 딸은 무심히 말했지만 순간 한 기억이 머리를 스쳤다. 나는 속으로 뱉었다.

'오늘 일을 어찌 너를 기다린 것에 비하랴.'

맏이라 기대가 컸다. 중학교까지 공부를 곧잘 했는데 고등학교에 들어가서는 학업을 등한시했다. 삼학년이 코앞인데 대놓고 엄포를 놓았다. 대학을 가지 않겠다고. 이유는 저 대신 다른 아이가 가면 된단다. 아무리 붙잡고 눈물로 사정을 해도 고집을 꺾지 않았다.

"엄마가 기다릴 테니 다시 한 번 생각해 보자."

아이는 묵묵부답이었다. 기다림은 오롯이 엄마의 몫이었다. 세끼 밥도 먹는 둥 마는 둥 일도 손에 잡히지 않았다. 나는 애가 타는데 아이는 그날이 그날 같았다. 그러다 한 주가 지나자 입을 열었다.

"엄마, 나 대학 갈게요."

그토록 기쁘고 고마울 수가 없었다. 혹여 생각이 바뀌지 않을까 노심초사했지만 실망하게 하지 않았다. 고등학교 삼학년인데도 힘든 내색하지 않았다. 그래도 열심히 했기에 꿈을 이루지 않았을까.

이즈음 교직을 천직으로 여기는 딸을 보면 그때가 생각난다. 끝내 고집을 꺾지 않았다면 지금처럼 당당할 수 있을까. 기다림이란 인내와 끈기도 필요하지만 때로는 고통이 따를 때도 있다. 그만한 대가를 치르면서 얻는 희열과 행복은 크든, 작든 삶을 북돋우는 동력이 되리라. 누군들 상실감과 상처, 절망의 순간을 겪지 않았겠는가. 그것들을 아울러 인생이라 하지 않을까 싶다.

어느 봄날의 수채화

백팔산사 순례를 하려고 도선사를 찾아 나섰다. 우이역에서 이정표를 따라 삼사십 분쯤 오르자 일주문이 보였다. 신라 말 도선국사가 창건한 천년 고찰이었다. 주지인 선묵 혜자스님이 계획한 프로그램으로 내용도 알찼다. 한 달에 한 번이라 별 부담이 없을 듯싶었다. 그런데 막상 신청하려니 도저히 시간을 낼 수 없는 주중이 아닌가. 어쩔 수 없이 포기했지만 산사 순례는 늘 마음 한 자락에 깔려있었다.

어느 날 방송에서 그때 포기한 순례영상을 보게 되었다. 부처님 탄생지인 네팔 룸비니동산에서 채화한 평화의 불을 우리나라 사찰 곳곳에 분등하는 여정이었다. 아쉬움이 컸던 나는 텔레비전 앞에 바짝 다가앉았다. 그런데 어느새 십여 년의 세월이 흘러 마지막 순례영상이었다. 망연히 그 앞을 떠나지 못하고 있는데 자막이 나왔다. 이어서 '53기도도량 순례'를 한단다. 선재동자의 발자취를 마음에 새기는 여정이리라. 선재동자는 『화엄경』 입법 계품에 나오는 구도 행각의 주인공이다. 깨달음을 얻기 위해 종교, 성별, 나이. 신분을 초월한 53명의 스승을 찾아가 진리를 물었다고 한다.

솔직히 나는 기도에 의미를 두기보다 산사가 좋았다. 오래전부터 절 마당에 들어서면 고향 품에 안긴 듯 푸근하고 온갖 시름이 사라지는 듯했다. 바로 신청을 하고 관련 책 몇 권과 연두색 단체 조끼도 주문했다. 당장 순례가 시작된 듯 마음이 들뜨고 벅찼다.

기다리던 첫 순례 날이었다. 어둑한 새벽 다섯 시에 집을 나섰다. 봄이라 꽃은 피었으나 바람은 맵고 짐은 버거웠다. 하루 일정이지만 챙길 것이 여간 아니었다. 도시락과 돗자리, 책이며 비옷 등이 배낭 하나로 부족할 정도였다. 워낙 사람이 많아 법회를 절 마당에서 하다 보니 눈비가 와도 자리를 뜰 수 없었다.

목적지는 고려 말, 십육국사를 배출한 송광사였다. 잠실 종합운동장에서 버스로 다섯 시간을 달려서인지 지치고 나른했다. 하지만 경내로 들어서자 언제 그랬냐는 듯 가뿐했다. 아담하고 소박한 국사전에 들러 참배하고 돌아서니 어느새 전국에서 모인 연두색 인파가 절 마당에 가득했다.

바로 법회가 열렸다. 바람소리, 풍경소리마저 멈춘 듯 고요한 산사에 스님의 법문이 울려 퍼졌다.

"오늘 여러분은 일일 출가자입니다. 새벽부터 집 떠나 먼 길 달려온 것도, 차디찬 바닥에 앉아있는 것도 수행입니다."

내가 출가자라니. 어딘가에 수행자로 살고 있을 한 비구니의 모습이 뇌리를 스쳤다. 초등학교 오학년 때 운문사로 봄소풍을 갔다. 천연기념물인 '처진 소나무'와 승가대학으로 유명한 비구니사찰이다.

그날 나는 무엇이 궁금했는지, 낯선 풍경에 이끌렸는지 경내를 기웃거렸다. 요사채 댓돌에 내 또래로 보이는 한 소녀가 조용히 앉아있었다. 빡빡머리에 먹물 옷을 입은 그 아이는 미동도 하지 않았다. 마치 그림 같았다. 한 발짝도 떼지 못한 채 그 모습을 훔쳐봤다. 그는 하염없이 뭔가를 바라보는 듯했다. 꽃을 보고 있는지, 두고 온 가족을 그리워하는지, 무슨 말이라도 나누고 싶었지만 다가가지 못했다. 나는 왠지 그 소녀에게 마음이 끌렸다.

그 무렵 나처럼 엄마 잃은 아이가 절에 살고 있다는 말을 들었다. 혹시 그 소녀가 아닐까 싶었지만 상상 속에 묻어둘 수밖에. 동병상련이랄까, 그 후 소녀 스님은 한 폭의 수채화가 되어 내 안에 자리했다. 어디서든 또래 비구니스님을 만날 때면 그 아이 모습이 겹쳐 묻고 싶었다. 청도 운문사를 아시느냐고.

가끔 그 빛바랜 수채화 속에 나를 그려 넣는 상상을 할 때가 있다. 그리움으로, 바람으로 사찰 언저리에 서성인다. 그 마음이 뭔지, 훌쩍 떠나 며칠씩 머문 적도 있지만 근원을 찾지 못했다.

드디어 순례가 끝났다. 5년여 기간이 걸렸지만 한 번도 빠지거나 게으름을 피우지 않았다. 그게 곧 구도의 길이 아닐까. 시작은 단지 산사가 좋아 나섰지만 삶에서 어떤 바람도 두려움도 사라졌다. 순례를 마치기까지 힘든 여정에는 어딘가 수행자로 살고 있을 그녀가 근간이 되었지 싶다.

성북동 기행

성북동은 이름이 말해 주듯 도성 북쪽에 자리하고 있다. 예부터 문인들이 많이 살았고 문예활동이 왕성했다고 한다. 성북동이 배경인 유명한 작품으로 이태준의 소설 「달밤」과 김광섭의 시 「성북동 비둘기」가 있다. 그밖에도 유명한 작가들이 살았던 흔적이 곳곳에 남아있고 지금도 젊은 예술인들이 많이 모여 살고 있다. 대기업 회장들의 저택은 물론, 대사관저가 오십여 곳이나 된다. 그래서인지, '대사관로'라는 도로명도 있다. 유명한 간송미술관과 90년대 천억 재산의 대원각이 길상사로 탈바꿈하였다.

지하철 4호선 한성대입구역에서 02번 마을버스를 타고 길상사 앞에서 내렸다. 성북동 기행의 출발지이다. 시인 백석을 사랑한 김영한은 혼자 요정(대원각)을 운영했다. 그러다 법정의 「무소유」를 읽고 감명 받아 대원각 칠천여 평을 통째로 시주했다. 그녀는 그 '천억의 재산이 백석의 시 한 줄 값만 못하다'고 했단다. 그 인연으로 길상사는 법정스님의 무소유 시민모임 '맑고 향기롭게' 근본 도량으로, 또 서울미래유산으로 등재됐다. 법정의 유품이 있는 진영각을 가다 보면 김영한의 사당이 있다. 그 앞에 그의 시주 공덕비와 백석의 「나와 나타샤와 흰 당나귀」 시비가 나란히 있다. 언제 읊조려도 안타깝고 애절한 사랑에 마음이 저릿하다. 김영한 또한 그의 지고한 사랑을 에세이 「내 사랑 백석」에 담아냈다.

성북동 길상사는 종교화합의 상징성이 있다. 개원 법회 때 김수환 추기경이 축사했고 그 후 법정스님이 명동성당에서 법문을 설했다. 경내의 관음보살상은 천주교 신자인 최성태 교수가 조각한 창작 불상이다. 그 모습을 바라보면 성모마리아상이 떠오른다. 몇 발자국 떨어진 곳에 불보살의 사리를 봉안한 칠층 보탑이 있다. 그 또한 기독교인 사업가 백성학 회장이 기증했다.

1930년대의 한옥, 혜곡 최순우 선생의 옛집에 들렀다. 시민의 모금으로 관리하는 우리나라 내셔널트러스트 1호라고 한다. 그곳에서 작고할 때까지 한국미술에 큰 업적을 남겼으며 「무량수전 배흘림기둥에 기대서서」를 집필했다. '무량수전, 안양문, 조사전, 응향각들이 마치 그리움에 지친 듯 해쓱한 얼굴로 나를 반기고 호젓하고도 스산한 희한한 아름다움은 말로 표현할 수 없다. 나는 무량수전 배흘림기둥에 기대서서 사무치는 고마움으로 아름다움의 뜻을 몇 번이고 자문자답했다'라고 썼다. 부석사의 주위 경관과 선조에 대한 고마움을 절실하게 그린 글이다.

앞마당의 소나무와 작은 우물에서도 시간의 흔적을 느꼈다. 혜곡이 사용했던 원고와 물품들은 손길만 닿으면 금방이라도 일상으로 되살아날 듯 가지런했다. 무엇보다 선생의 안목과 애정이 깃든 곳은 뒷마당인 듯싶었다. 사랑채에 걸린 '두문즉시심산(杜門卽是深山)'이 눈길을 끌었다. 문만 닫으면 깊은 산속이라니, 잠시 툇마루에 앉아 고즈넉한 정취를 감상했다. 돌확, 돌 탁자, 동자석, 담장 밑 장독대까지 주인을 닮은 듯 운치가 있었다.

그 고택을 뒤로하고 심우장으로 향했다. 가는 길에 소설가 이태준의 옛집인 수연산방이 있었다. 식민지 시대 문학인들이 드나들었다는 그곳이 지금은 전통찻집으로 바뀌었다. 차를 마시며 그들의 채취를 음미하고 싶었는데 그냥 지나치려니 아쉬웠다. 5분 정도 걸었을까, 한용운 동상이 있는 골목 어귀에

'심우장 가는 길' 푯말이 있었다. 조붓한 길을 따라 걷자니 오밀조밀한 작은집들 사이로 연탄재도 더러 눈에 띄었다. 허술해 보여도 향수를 불러오는 골목의 정취였다. 담장 위로 향나무가 우뚝 솟은 한옥이 심우장(尋牛莊)이었다. 그 나무는 만해(卍海)가 직접 심었다고 한다. 3·1만세 사건의 주동자로 3년 옥고를 치른 후 조선총독부와 등진 북향 목조 건물에서 지냈다. 그는 심우장(尋牛莊)의 뜻을 글로 남겨 놓았다.

> 잃은 소 없건마는 찾을 손 우습도다.
> 만일 잃을 씨 분명타 하면 찾은 듯 지닐소냐.
> 차라리 찾지 말면 또 잃지나 않으리라.

그곳에서 독립운동과 불교혁신을 위해 힘을 썼고 일제에 저항하며 장편소설 「흑풍(黑風)」과 「박명(薄明)」을 연재했다. '尋牛堂(심우당)' 편액이 걸린 서재는 소박했다. 초상화와 연보, 시 「님의 침묵」 전문이 걸려있고 관련 자료가 전시되어 있다. 부엌에 까만 솥 두 개는 반들반들 윤이 났으나 막상 서재는 아궁이가 없었다. '조선 땅이 하나의 감옥이다. 그런데 어찌 불 땐 방에서 편안히 잔단 말인가' 그의 일화처럼 겨울에도 냉방에서 지냈다고 한다. 하지만 광복 일 년을 앞두고 생을 마감했다. 그토록 염원했던 독립을 보지 못하고 편히 눈을 감았을까.

만해가 입적할 때까지 십여 년을 머물렀던 심우장은 '서울시 기념물'로 지정되었다가 2019년 4월에 '사적 550호'로 승격되었다. 요즈음도 성북동 기행 코스로 많은 발길이 이어지고 있다. 만해의 역사의식과 시대정신을 되새기는데 중요한 행보이리라.

심우장을 나오니 성곽으로 올라가는 골목길이 이어졌다. 언덕에서 그 아래 펼쳐진 성북동을 내려다봤다. 그때까지 내가 알던 성북동은 부촌과 달동네, 서울에서 유일하게 대단위 아파트가 없는 곳 정도였다. 그런데 지붕 없는 박물관이라 할 만큼 역사문화유산의 보고였다. 이번에 보고 느낀 길상사와 혜곡 선생의 옛집, 심우장은 성북동 기행의 마중물이 되리라. 아는 만큼 보인다고 했던가. 이 여운이 가시기 전에 다시 발걸음을 할 것이다.

만나서 행복한

오랜만에 친구와 속초로 여행을 갔다. 진작부터 벼르다 내 생일을 핑계 삼아 훌쩍 떠난 것이다. 오월의 바람은 싱그럽고 풍경은 신록의 물결이었다. 햇살도 순하고 따사로웠다. 그저 함께할 수 있는 것에 의미를 두었을 뿐 특별한 준비는 없었다. 몸도 마음도 홀가분했다.

도착 즉시 맛집부터 찾았다. 담백한 전복 전골로 이른 점심을 먹고 방파제로 나갔다. 아득히 펼쳐진 푸른 수평선은 바라보기만 해도 가슴이 뻥 뚫렸다. 강한 해풍에 옷깃을 세우고 켜켜이 쌓인 마음의 찌꺼기를 날려 보냈다.

예약한 호텔은 사방에서 파도소리가 들리는 호젓한 섬 같았다. 다리를 죽 뻗고 늘어지니 문밖에도 나가기 싫었다. 붉게 물든 일몰도 낭만적인 밤바다의 풍경도 창 너머로 감상했다. 밤늦도록 묵은 얘기를 나누고 입가에 깊게 팬 주름을 서로 바라보며 세월을 읊었다. 그게 바로 우리가 바라던 휴식이며 힐링이 아니었던가.

나는 못다 한 공부에 미련이 많았다. 문학을 향한 꿈도 저버릴 수 없었다. 주부와 직업인으로 쫓기듯 살면서도 뭔가 채워지지 않아 갈증이 일곤 했다. 그 목마름이 이루지 못한 꿈이었다. 기어코 불혹을 넘은 나이에 방송통신대학교 국문학과에 입학했다. 참으로 큰 결단이며 변화의 시점이었다. 막상 입학은 했으나 미지의 세계라 여간 버거운 게 아니었다. 우물 안 개구리였던 나는 우선 지하철 노선 찾는 것부터 헤맸다.

첫 강의가 끝난 밤늦은 시간이었다. 집으로 오는 지하철을 탔는데 세련미가 돋보이는 한 여인이 옆에 서 있었다. 유난히 머플러가 잘 어울려서 눈길이 자꾸 갔다. 왠지 가까이할 수도, 말을 붙일 수도 없을 듯했다. 그런데 같은 방향으로 환승하는 게 아닌가. 그때 내가 먼저 다가가지 않았으면 우리의 만남은 이루어지지 않았을 게다.

그는 나와 한동네에 살고 있었다. 그날부터 우리는 학교 일정을 공유했다. 주경야독으로 시간에 쫓긴 나는 그저 따르기만 하면 됐다. 부탁하지 않아도 들쑥날쑥한 강의 날짜며 스터

디 장소 등을 일일이 챙겨주었다. 툭하면 약속 시각을 놓쳐도 싫은 내색 없이 기다려주곤 했다. 그렇게 4년여를 당연한 듯 지냈다. 그를 만나지 않았으면 제대로 졸업했을지 장담할 수 없다.

졸업 후에도 만남은 계속됐다. 공부에 끈을 놓지 않던 그는 이내 대학원을 입학했다. 하지만 나는 다시 생업에 전념할 수밖에 없었다. 우리는 틈틈이 만나서 안부도 묻고 영화나 연극을 보곤 했다. 언제 만나도 편하고 변함이 없는 무던한 친구였다. 허물을 보이고 털어놔도 부끄럽지 않았다. 흔히들 부딪치고 소원해질 때 상대의 진면목을 알게 된다지만 숱한 세월 동안 한 번도 낯을 붉힌 적이 없다. 가히 지란지교라 할 수 있으리라.

분위기 있는 찻집과 풍경이 아름다운 거리에서, 문화와 역사의 숨결이 배어있는 고궁과 박물관에서도 우리의 우정은 깊어갔다. 때로는 먼 나라 여행에서 다양한 경험을 함께하며 가족에게도 못한 내밀한 얘기까지 여과 없이 나누었다. 어디든 그와 함께라면 즐겁고 더 유익한 시간을 보낼 수 있으리라.

그렇지만 우리는 닮은 데가 없다. 그는 서울 토박이, 나는 벽촌 태생. 모태 신앙인 기독교인과 불자. 생활력이 전무하다 싶은 그에 비해 늦게까지 직업 전선에 있었던 나는 달라도 너무 달랐다. 그런데도 우리는 마음을 나누는 데 걸림이 없다. 친구는 세상 물정에는 관심이 없는 듯 끊임없이 책을 가까이 하며 글을 쓰고 외국어 공부까지 열심이다. 그런 남다른 열정과 때 묻지 않은 순수가 매력이자 흡입력이 있다. 그는 가끔 책을 추천하곤 했다. 그래서일까, 차츰 내 일상에도 많은 부분이 책으로 채워졌다. 문학 수업을 망설이는 나를 위해 한동안 동행해 주기도 했다. 이미 수필집 두 권을 냈음에도 시간을 할애해 준 것이다.

그와 함께 나눴던 문학과 인생 이야기, 학구열이 응집된 시간이 모두 글감이 되고 길잡이가 되었다. 하지만 글쓰기는 그리 만만치 않았다. 몇 번을 좌절했지만 그가 다잡아주었다. 그는 친구지만 냉정한 선배이기도, 자상한 스승이 되기도 했다. 그가 내 곁에 없었다면 지금의 삶이 어땠을까 싶다. 언제 누구를 어떻게 만나는가에 따라 행로가 변할 수 있지 않은가. 그 선상에서 나는 이 친구를 만난 것이리라.

속초로 떠날 때는 일출 장관을 보려니 했다. 밤새 얘기를 나누고 늦잠을 자느라 놓쳤지만 아쉽지 않다. 이번 속초 여행도 우리 삶에 굵은 밑줄이 그어지리라.

앙카라의 눈썹달

인천에서 오전 아홉 시에 출발했는데 그곳에 도착해도 낮이었다. 열한 시간 가까이 비행기를 탔으나 동창들과 쌓인 이야기를 풀어 놓느라 지루한 줄 몰랐다. 공항에서 숙소까지 버스로 두 시간여를 달렸다. 창밖에 푸른 밀밭이 끝없이 펼쳐져 있었다. 어릴 때 친구들과 모닥불에 밀서리를 해 먹었던 옛 추억이 아련했다.

다음날 고대 로마의 도시 파묵칼레로 가는 길은 희뿌연 석회산이었다. 듬성듬성 서 있는 키 작은 나무들이 마치 점박이 무늬 같았다. 하얀 석회층이 목화 같다는 파묵칼레는 빙하나 설산을 연상케 했다. 그 눈부신 언덕이 해 질 녘이면 붉게 물든다니 얼마나 장관일까. 가장자리로 하늘빛 온천수가 흘러내렸다. 탄

산칼슘이 함유되어 질병에 효능이 있는 것으로 로마 시대부터 유명했다고 한다. 지금도 많은 관광객이 찾는 명소이다. 나도 그중 한 사람이 되어 따끈한 온천수에 발을 담갔다. 온몸의 피로가 스르르 풀려 자연과 하나가 된 듯했다. 그 앞에 폐허로 남은 원형극장이 고대 도시였음을 짐작하게 했다.

카파도키아는 오월 말인데도 무척 쌀쌀했다. 애드벌룬에 올라 일출을 보려고 새벽부터 나섰다. 어둠이 깔린 드넓은 벌판에 요란한 발동기 소리와 시뻘건 불꽃이 파편처럼 튀었다. 이륙 준비를 서두는 모양이었다. 순간 두려움이 일었지만 기대했던 열기구 체험이라 용기를 냈다. 더구나 날씨가 좋아 탈 수 있는 거라니. 한호와 함께 상공을 날자 바로 태양이 불끈 솟아오르고 수십 대의 애드벌룬이 하늘에 원을 그렸다. 이내 고원을 가득 메운 기암괴석들이 위용을 드러냈다. 억겁의 세월과 풍화가 빚어놓은 비경이리라. 그 태곳적 신비에 빠져 한 시간이 언제 지났는지 몰랐다. 땅에 발을 내딛자 인증서와 조촐한 와인 파티가 준비되어 있었다. 그 새벽, 카파도키아 상공을 수놓았던 열기구 체험은 신기루 같은 선물이었다.

유럽과 아시아를 가르는 해협이 아름다운 이스탄불, 그곳은 고대 로마, 비잔틴, 오스만제국의 수도였다. 다양한 인파가 일렁이고 과거와 현대가, 유물과 문명이 공존한 듯 다채롭고 흥미로웠다. 마치 야외 박물관 같다고나 할까. 비잔틴 건축의 걸작인 소피아성당을 둘러 유서 깊은 돌마바흐체 궁전을 음미했다. 화려함의 극치를 이룬 듯했다. 그 궁전을 금과 보물로 치장하느라 오스만 투르크멘제국이 흔들렸다고 한다. 국운의 흥망성쇠를 한눈에 보는 듯했다. 궁전의 모든 시계가 아홉 시 오 분에 멈춰있었다. 튀르키예 초대 대통령 아타튀르크의 사망시간을 잊지 않기 위해 고정해 놓은 거란다. 오랜 세월 존경하는 국부로 살아 숨 쉬는 한 지도자의 위상이라니.

수도인 앙카라는 한산했다. 이스탄불이 경제와 사회, 문화의 중심지라면 앙카라는 관공서와 외국 공관들이 거주하는 행정과 외교의 중심지란다. 초대 대통령 아타튀르크 묘지를 찾는 사람들 외 관광객은 그리 많지 않다고 한다.

그 도심에 한국전쟁 때 희생된 튀르키예 군인들의 위령탑이 있다. 만오천여 명이 참전하여 740여 명이 사망했다. 그들의 희생을 기리기 위해 튀르키예공화국 50주년에 우리 정부가 세운 것이다. 서둘렀으나 오후 다섯 시가 넘는 바람에 문이 닫힌 뒤였다. '한국공원'이라는 푯말과 태극기와 튀르키예 국기가 나란히 있었다. '빨간 바탕에 금빛 눈썹달과 별 하나'가 있는. 전사자 이름이 새겨진 위령탑은 경주불국사 석가탑을 본뜬 거란다. 영령들 대부분이 자원병이라니 더욱 가슴이 뭉클했다. 그들의 숭고한 희생을 새기며 잠시 묵념을 하고 돌아섰다.

호텔 앞에도 태극기가 노을에 물들고 있었다. 낯익은 사람을 만난 듯 반가웠다. 관공서 앞에서도 간혹 태극기를 볼 수 있고 올림픽에서 코리아를 응원할 만큼 튀르키예 국민은 우리나라에 대해 우호적이다. 먼 옛날 고구려와 튀르키예의 뿌리인 돌궐이 연합해서 수, 당에 대항했던 역사와 같은 알타이어 계통의 언어 때문일까. 예전부터 대한민국을 형제의 나라로 여겨왔다고 한다.

돌아오는 날 새벽 세 시쯤 호텔 문을 나섰다. 앙카라는 잠에 빠진 듯 고요하고 대기는 더없이 청량했다. 잠시 호흡을 고르며 무심히 쳐다본 하늘, 내 머리 바로 위에 금빛 눈썹달이 별 하나를 품고 있었다. 매일 새벽 그처럼 같은 별이 떠 있지는 않을 터, 영락없는 튀르키예의 월성기였다. 내 눈에만 그리 선명하게 보였을까. 여간 괴이쩍은 게 아니었다. 별은 배웅이라도 하듯 새벽을 가르는 버스를 뒤따라왔다. 나 또한 시선을 떼지 않았건만 어느 찰나에 여명 속으로 사라졌다.

튀르키예의 많은 영상 가운데 유난히 앙카라의 눈썹달이 선연하다. 고향 친구들과 함께한 여행이어서일까. 달을 떠올리면 고향집 감나무 가지 사이로 살포시 내민 새벽달이 겹친다. 그곳을 잊을 수 없듯 튀르키예도 오래 기억에 남을 성싶다.

보리수

모처럼 옷장 정리를 했다. 내친김에 구석구석 들추다 보니 손바닥만 한 종이상자 하나가 나왔다. 도무지 낯설었다. 계절이 바뀔 때면 으레 해왔건만 여태 눈에 띄지 않았던 물건이다. 상자를 열어보니 노르스름한 수첩이 얌전히 들어있었다.

하던 일을 제쳐놓고 수첩을 펼쳤다. 작은 글씨로 빼곡히 적어놓은 스리랑카 여행기였다. 기억은 없지만 내가 쓴 글씨가 분명했다. 뒷장을 넘기려니 뭔가 살포시 내려앉는 게 아닌가. 자세히 보니 곱게 마른 나뭇잎이었다. 잎맥이 실핏줄처럼 선명하고 꼬리 부분이 유난히 길고 뾰쪽했다. 잘못 건드리기라도 하면 바스러질 것 같았다. 조심스레 손바닥에 올려놓으니 살아서 움직이는 듯했다. 보리수 잎이었다. 수첩 갈피 속에 두 장이 더 잠들어 있었다.

몇 년 전, 인도양의 보석이라는 스리랑카 순례를 했다. 아름다운 자연과 찬란한 불교 문화유산을 간직한 나라. 당연히 남방불교 스님들의 탁발행렬을 보려니 했으나 아예 그런 풍습이 없다고 했다. 의아했다. 사백여 년의 식민지 지배와 내전을 겪으면서도 불교를 국교로 지켜온 나라가 아닌가.

그래도 세계에서 수령이 가장 오래된 보리수(菩提樹)를 만날 수 있어 아쉬움이 덜했다. 곳곳에 크고 작은 탑과 불상이 산재해 있지만 그 가운데서 가장 유명한 것은 '마하보디사원'의 보리수라고 한다.

인도를 통일하고 불교를 융성시킨 아소카왕은 혼전에 낳은 남매가 있었다. 그 남매의 어머니가 세상을 떠나면서 생부(生父)를 찾아가라는 유언과 징표를 남겼다. 어렵사리 만난 아버지, 아소카왕은 남매가 불교 융성에 힘을 보태는 수행자가 되기를 원했다. 아들 마힌다는 그 뜻을 받들어 실론(스리랑카)으로 가서 불법을 전하고 딸 상카미타는 부처의 성도(成道) 순간을 지켜본 '인도 보드가야 보리수' 가지를 꺾어 스리랑카에 심었다.

그 묘목이 노거수가 된 것이다. 이천삼백 년 세월에도 위엄이 서려있었다. 여러 개의 철 기둥이 세월의 무게를 받치고 있었으나 잎과 가지는 숲을 이룬 듯 풍성했다.

그 노거수를 만나기 위해 순례자들이 인산인해를 이룬단다. 그날도 수많은 사람이 아름드리나무를 에워싸고 있었다. 과연 그들은 무엇을 위해 그토록 노거수를 찾아오는 것일까. 그 가운데 흰옷 차림의 무리가 유난히 눈에 띄었다. 스리랑카 사람들은 성지나 사원을 찾을 때 정갈한 흰옷을 입는다고 한다. 그들의 밝은 표정과 미소가 참 인상적이었다. 들고 온 자그마한 꽃을 보리수 앞에 놓고 맨발로 땅바닥에 주저앉아 기도문을 읽기도 했다.

노거수가 마치 거대한 석불인 듯 저절로 숙연해졌다. 그들이 무엇을 원하는지, 그 간절한 소망이 이뤄지기를 나 또한 두 손을 모았다. 그 순간만큼은 나보다 그들이 우선이었는지 모른다. 하지만 누군들 고뇌와 욕망에서 자유로울 수 있을까.

그대로 그들과 함께이고 싶었으나 그럴 수 없는 아쉬움에 잎을 따서 수첩에 넣었던 게다. 그런데 사뭇 잊고 있었다. 그동안 잎은 책갈피 속에서 홀로 수행을 했으리라. 붓다도 '존재하는 모든 것은 불성이 있다'고 했다. 길가에 구르는 돌멩이도 이름 없는 초목까지도. 그렇다면 나는 무엇을 했을까.

오랜 세월 수많은 사연을 듣고 서 있는 보리수, 그 나무를 만날 당시 나는 경제적인 충격이 심했다. 어떤 기대도 하지 못한 채 좌절했었다. 순례라기보다 막연히 따라나섰는데, 막상 노거수 앞에 서자 내 고통은 참으로 미미했다. 고통의 크기는 스스로 만드는 것일지도, 그 무게에 짓눌리는 것 또한 마찬가지이리라. 돌아와서도 일상의 무게감이 한결 가벼웠다. 보리수 잎을 보니 고통과 절망이 치유로 이어졌던 여정이 눈앞에 선하다.

나무 액자에 한지를 깔고 보리수 잎 세 장을 가지런히 담았다. 잠시 눈을 감고 스리랑카 보디사원의 노거수 앞인 양 두 손을 모았다. 그리고 옷깃을 여미듯 조심스레 액자를 눈길 잘 닿는 거실 벽에 걸었다.

하나뿐인 며느리에게

봄이 한창이다. 꽃처럼 예쁜 신부가 될 너를 그려본다. 그 날이 코앞에 다가온 듯싶구나. 우형이가 느닷없이 너를 소개한다고 할 때 솔직히 반신반의 했다. 여자 친구가 있다고는 했지만 도통 말이 없었거든. 너와 약속한 날을 기다리는 동안 알게 되었지, 외동딸이고 사귄 지 십 년이 된 사실을. 그제야 실감하면서 아들이 꼭꼭 숨겨놓았던 너의 존재가 궁금했단다.

우리 가족과 처음 만나는 자리라 당황하지 않을까 우려되었다. 그런데 너를 보는 순간 낯설지 않더라. 어디선가 본 듯한 낯익은 모습이었어. 왕방울처럼 동그란 눈을 껌벅이며 자분자분 얘기하는 모습이 사랑스러웠다. 그래서 네가 가깝게 느껴졌을까. 나는 스스럼없이 말을 꺼냈지.

"결혼하면 가족이 많아 정신없을 거야."

"저는 그런 집안 분위기가 좋아요."

그 말, 그 눈빛에 진심이 담긴 것 같아 마음이 놓이고 미덥더라. 그날 이후 자꾸 너를 보고 싶어 마음이 오락가락했지. 만나자고 하면 혹여 네가 부담스럽지 않을까. 더구나 우형이가 외국에 있어 같이 만날 수도 없는데. 그런데도 흔쾌히 응해주어 얼마나 좋았는지 몰라.

두 번째 만나는 날 너는 '어머니' 하며 다가와 팔짱을 끼었지. 참 예쁘고 고맙더라. 지금껏 아들한테 받지 못한 호사였다고나 할까. 그렇게 우리는 단풍이 절정인 석촌호수 길을 걸었지. 온통 세상이 내 것인 양 붕 뜬 기분, 글쎄 너는 어땠는지. 앞에서 깔깔 웃으며 걸어가는 두 남녀가 다정해 보여 내가 말했어. '너희도 저렇게 예쁘게 살았으면 좋겠다'고. 그러자 너는 서슴없이 오빠 성향에 맞추겠노라 했지. 우형이를 먼저 생각하는 하연이가 신통하고 기특하더라. 하기는 너희만의 예쁜 그림을 그려나가는 게 행복이겠지.

하연아, 결혼이 소중하고 아름다운 축복인 만큼 넘어야 할 고비도 있을 게야. 꿈꾸던 환상이 깨질 수도 있고 버거운 일도 적잖을 터. 그래서 결혼을 제2의 탄생이라고 하는지도 몰라. 어쩌면 사소한 의견충돌도 있을 테고. 그럴 때 너희의 깊은 기지가 필요하겠지. 나는 너를 믿는다. 십 년 동안 뿌리내린 튼실한 사랑의 원동력이 있잖니.

나도 너를 맞이하기 위해 마음가짐을 다져본다. 참으로 귀한 인연이 아니겠느냐. 우리 서로가 알아가는 과정에 너무 서둘거나 애쓰지 말자. 그저 시간의 흐름에 맡기자꾸나.

드디어 우리 아들 옆에 꽃 같은 신부가 서다니. 상상만 해도 설레는구나. 혹시 떨려서 실수라도 하지 않을까 걱정된다. 너는 요즘 어떻게 지내니, 준비하느라 바쁘기도 할 테고 우형이와 떨어져 있었던 시간만큼 쌓인 이야기도 많겠지. 하지만 틈틈이 너의 부모님 마음도 헤아렸으면 해. 너의 빈자리가 허전하실 거야.

우리 식장에서 만나자.

감정샘에서 퍼 올린 향수

- 이태련 수필집 『내가 거기 있었다』에 부쳐

오 병 훈 (수필가)

수필은 작가의 일상적인 모습을 진솔하게 보여주는 고백의 문학이라고 한다. 무대에서 배우가 혼자 독백을 하듯 그렇게 자신의 이야기를 속삭이며 독자가 귀를 기울이도록 한다. 사람은 누구나 자신만의 이야기를 간직하고 있겠으나 그것을 글로 표현하기는 쉽지 않다. 작가는 주위에서 일어나는 이야기를 따뜻한 눈으로 보고 그 사연들을 글로 적어 널리 퍼뜨리는 작업을 한다. 그래서 자신의 이야기는 물론 가족, 나아가 이웃의 아름다운 사연들을 찾으려고 촉각을 세운다.

이태련도 예외는 아니다. 그는 「어머니의 항아리」에서 시어머니에 대한 며느리의 애틋한 마음을 털어놓았다. 어려운 살림에 최소한의 세간살이만 들고 서울에서 신접살림을 차렸다. 신혼생활 십여 년을 시어머니와 함께하면서 장 담그는 일을 익혔다. 늘 따뜻한 정감으로 며느리를 대하는 시어머니라 더 애틋했을 것이다.

어느 해 겨울 산후조리 중이었다. 어머니가 슬며시 내 손에 사과를 쥐어주셨다. 사과가 응당 시원해야 하거늘 뜨끈했다.

"어서 먹으라. 산모가 찬 것을 먹으면 나중에 이가 시리니라."

의아해하는 내게 말씀하셨다. 아무리 그렇다 해도 뜨끈한 사과라니. 어머니 앞에서 차마 마다할 수 없었지만 속으로 불만도 함께 삼켰다. 사과를 좋아하는 며느리에 대한 사랑이었음을 그때는 왜 몰랐을까.

-「어머니의 항아리」-

이렇게 회한에 젖는다. 한없이 베풀기만 하는 시어머니를 두고 물려받은 것은 항아리뿐이라고 했으니 얼마나 어리석은 며느리였던가. 작가는 이 일을 두고 아직도 마음 아파하고 있다.

이처럼 시어머니에 대한 감정을 담담하면서도 섬세하게 그려나갔다. 며느리가 되어 살아가면서 점점 시어머니의 마음을 이해하게 되고 감정은 더한 아픔이 되어 회한으로 남게 되었는지 모른다.

여인은 두 분의 어머니를 모시고 살아간다. 한 분은 천정어머니이고 출가하면 평생 시어머니를 모시고 살 수밖에 없다. 출가해서도 딸은 친정어머니를 가슴에 품고 살게 마련이다.

우리의 어머니들은 일을 천직으로 생각하며 살아오셨다. 낮이면 밭에 나가 김을 매고 밤이면 길쌈을 하며 밤잠을 줄이셨다. 노동의 고단함을 덜려고 노래를 불렀다. 작가는 '어머니의 삶에서 길쌈이 유일한 보람이요 낙이었지 싶다'라고 했다. 왜 안 그렇겠는가.

평생 자식들을 키우면서 거칠고 궂은일을 해 오신 어머니가 아닌가. 작가의 어머니가 겪은 삶이 어찌 이들 가족뿐이겠는가. 우리 모두의 어머니들은 이처럼 몸이 부서지도록 일하면서 자식을 키워냈다. 못 먹고 헐벗은 몸으로 뼈마디가 다 닳도록 일만 하신 우리 어머니들. 독자들은 이 글을 통해 어머니의 모습을 다시 보게 되고 자신을 되돌아보게 된다.

어머니는 언제나 생각만 해도 가슴 깊은 곳에서 뜨거운 것이 치밀어오른다. 그것은 원초적인 향수 같은 것이며 그리움이 고인 감정의 샘물 같은 것이기에 공감이 간다. 독자들은 작가의 글을 읽으면서 잃어버린 감정의 근원을 찾게 되고 결국 자신과 비교하면서 모정이 더 큰 울림이 되어 전해지기 때문이다.

이 글은 자식을 사랑하는 친정어머니의 자애로운 마음과 작가인 딸의 효심이 잘 녹아있는 수작이다.

> 나는 열두 살에 새어머니를 만났다. 쪽 찐 머리에 무명저고리를 입은 단정한 모습이 지금도 생생하다. 가족 모두 별 거부감 없이 받아들였고 어머니는 서른한 살에 여섯 남매의 엄마가 되셨다. 그 후 남동생 둘을 낳아 적잖은 식솔들을 거두느라 힘들었을 텐데 한결같이 무던하셨다.
>
> -「그 이름의 의미」-

수필은 작가 자신이 독자 앞에서 발가벗어야 완성된다. 그만큼 진솔하라는 말이다. 그렇게 마음을 털어놓을 때 독자도 함께 공감한다. 수필은 오로지 진실만을 추구하는 문학 장르다. 작품에서 독자가 무엇인가 작위적인 내용을 감지했다면 이미 실패한 문장이다. 진실한 내용만이 독자를 감동의 세계로 빠져들게 하고 마음을 움직일 수 있다. 작가의 거짓 없는 이야기를 듣고 독자는 흐뭇한 미소를 짓고 자기 일인 양 손뼉을 치게 된다. 진솔한 이야기는 언제나 우리의 마음을 사로잡는다.

이태련의 글은 문장이 평이하면서도 논리적이고 짜임새가 있어 충분한 설득력이 있다. 따라서 평범하지만, 우리 이웃의 따뜻한 이야기이며 진솔한 정감이 녹아있기에 마음을 빼앗기지 않을 수 없다.

작가는 젊은 시절 재단사로, 주부로 생활하는 틈틈이 글을 써 왔다. 한 편의 진솔한 작품을 쓰기 위해 온통 심신을 다 바치는 작가정신이 그대로 글 속에 담겨 있다. 「꿈의 길목에서」는 직접 옷을 지어 입은 이야기를 들려주고 있어 실감이 난다.

여섯 가족의 생계를 맡아 왔을 정도로 오랫동안 옷을 지은 작가가 아닌가. 그저 옷감만 잡으면 뿌듯하고 피로가 풀렸다고 한다. 그렇게 만든 옷을 때로는 자신이 차려입고 거리를 누비며 마음껏 뽐냈으리라. 그러다가 오랫동안 일에서 손을 놓고 있었다.

> 홀가분하면서도 허탈했다. 가슴에 구멍이 난 듯 바람이 일었다. 눈만 뜨면 일감들이 그득했는데, 휑한 자리에서 나는 무엇을 해야 할지 엄두가 나지 않았다.
>
> -「꿈의 길목에서」-

그렇게 해서 다시 시작한 봉제 일. 동대문시장에서 자투리 천을 사고 망설이다가 하룻밤을 넘기고 조끼를 완성했다. 내 친김에 블라우스라도 살 겸 옷가게로 갔더니 주인이 "어디서 구매했는지 멋있어요. 가격이 만만치 않겠어요." "제가 만들었어요." 이렇게 말하는 작가 자신은 얼마나 자랑스러웠겠는가. 이처럼 일하는 틈틈이 자신의 체험을 글로 표현했다.

작가도 한 사람의 평범한 시민이다. 남편이 쓰러진 후 지극한 간호 끝에 넉 달 만에 정상적으로 회복시킨 일이 있다. 큰일을 치러낸 사람에게 보내는 응원의 손뼉이라도 쳐 주고 싶다.

사흘 후 퇴원을 앞둔 아침이었다. 식사하던 그의 손에서 숟가락이 툭 떨어졌다. 그러자 한쪽 입꼬리가 처지면서 밥알이 흘러내렸다. 나를 바라보는 눈 초점이 흐려지기까지 정말 한순간이었다. 그의 이름을 소리쳐 부르고 부둥켜안았지만 이미 온몸이 마비된 듯 뻣뻣했다. 조금 전까지 웃고 말을 주고받았는데 어찌 그처럼 무너질 수 있는지.

정신없이 의사를 불렀고 서둘러 뇌 검사가 이어졌다. 미세혈관이 막힌 거란다. 의사들의 분분한 논의 끝에 급박하게 시술이 이루어졌다. 자칫 혈관이 터질 우려는 있지만 시간이 지체될 경우 언어장애를 피할 수 없단다. 수술실 앞에서 나는 오직 기도

만 할 뿐이었다. 얼마나 간절했으면 그 시간이 결코 짧지 않았음을 나중에야 알았다. -「유년의 퍼즐」-

그렇게 해서 병원을 오가며 정성껏 간호하여 결국 병마에서 벗어날 수 있었다. 퇴원 후에는 모든 일상을 환자 중심으로 꾸려나갔음은 물론이다. 그렇게 하나씩 기억을 되살려 나갔다. 드라마 속에서나 볼 수 있었던 기적을 이루어낸 셈이다. 가족을 지극히 아끼고 사랑하는 인간 승리라고 하겠다.

우리에게 가족이란 어떤 의미일까. 가족이 이승의 벼랑 끝에 서 있다면 어떤 심정이겠는가. 이 작품을 통해 작가는 가족의 사랑과 이웃의 소중함을 독자들에게 일깨워 준다.

인생이란 사진첩에서 배우자와의 추억 한 토막을 잘라내 펼쳐 보이는 그림 같은 글이다. 수몰된 고향을 그리며 인간의 한계를 느끼고 어린 시절 자연과 노을이 주는 강한 이미지가 어른이 된 지금까지 남아 있어 감성적인 글을 쓰게 했다. 이태련의 글은 문장이 세련되고 표현 기법이 날카롭다. 주제를 선명하게 처리하여 독자로 하여금 오랜 여운을 남기게 하는 좋은 작품들이다.